100
würzige Saucen

Silvia Faller · Monika Cremer

100 würzige Saucen

Weltbild

Inhalt

Ausflug in die Küchengeschichte

Erste Dokumente in römischer Zeit

Marinaden – im Wandel der Zeit

Zubereitungsform mit langer Tradition

Ganz gleich, ob wir ein Kochbuch aus dem 20. Jahrhundert, dem 19. Jahrhundert, dem 18. Jahrhundert oder auch aus dem 16. Jahrhundert aufschlagen: Rezepte für mariniertes Fleisch oder für marinierten Fisch finden wir immer. Schon im römischen Kochbuch des Apicius (4. Jahrhundert) ist notiert, wie man zum Beispiel einen Braten mariniert: „... Stoße Pfeffer, Liebstöckel, Dill, Kümmel, Silphium und eine Lorbeere, gieße Liquamen dazu, mache es sämig und gieße es zusammen mit dem Braten in eine viereckige Auflaufform. Wenn er zwei oder drei Tage in den Gewürzen geruht hat, nimm ihn heraus, ... und gib ihn in den Ofen." (Das römische Kochbuch des Apicius, Stuttgart 1991). Bei Silphium handelt es sich wahrscheinlich um eine Würzzutat aus Nordafrika und Liquamen ist eine salzige Fischsauce.

Ein fürstlicher Fisch

Ein Beispiel für das Marinieren aus früherer Zeit ist der Bismarckhering. Rohe Fischfilets werden zunächst in Salz und später in eine Essigmarinade eingelegt. Es heißt, dass Fürst Otto von Bismarck einem Konservenfabrikanten gestattete, seine eingelegten Heringe nach ihm zu benennen.

(Deutschlands kulinarisches Erbe, Cadolzburg 1998)

Aufgerollt und aufgespießt wird der Bismarckhering zum so genannten Rollmops.

Erst garen, dann marinieren

Mariniert wurden keineswegs immer nur rohe Zutaten. Vor allem bei Fisch gab es leckere Varianten. Dabei wurde der Fisch zunächst gedümpft, gedünstet oder gebraten und dann in eine Essigmarinade eingelegt. Kräuter, Gemüse oder Zwiebeln spielten eine weitere Hauptrolle. Diese Art der Zubereitung ist heute mindestens so beliebt wie damals, was sich unter anderem in einem breiten Angebot an Fisch in Marinade zeigt. Neben Fisch wurden vor allem gekochtes und gebratenes Gemüse beziehungsweise gekochte Pilze in Marinaden eingelegt. Marinieren kommt vom französischen „marine". Es leitet sich von „in Tunke" beziehungsweise „in Salzwasser legen" ab. Einst wurden Lebensmittel durch Einsalzen vor dem Verderb geschützt. So blieben sie während einer längeren Schiffspassage haltbar.

Saure Fischspezialität

Im 18. Jahrhundert kam man in Pommern auf die Idee, einen Hering zunächst zu braten und ihn dann in Essigmarinade einzulegen. So war der Fisch für eine Weile haltbar. Man konnte eine größere Menge Heringe zubereiten und hatte mehrere Mahlzeiten auf Vorrat. Aufgrund der sich verändernden Fischgründe wanderte diese Zubereitungsart entlang der Ostküste nach Westen. So kommt es denn auch, dass Schluchtup bei Lübeck den Ruf der größten Bratfischküche Europas erlangen konnte.

(Deutschlands kulinarisches Erbe, Cadolzburg 1998)

Was ist drin in einer Marinade?

Außer verschiedenen Würzzutaten, wie zum Beispiel Kräuter, Gewürze, Salz oder Sojasauce, Zucker oder Honig, Knoblauch, Zwiebeln oder Chilischoten, enthalten Marinaden oft auch Öl. In den meisten Fällen kommt außerdem noch eine saure Komponente hinzu. Dazu zählen beispielsweise Essig, Zitrussäfte, Buttermilch oder Jogurt und Wein. Und schließlich gibt es auch alkoholhaltige Marinaden.

Brathering isst man traditionell kalt zu Bratkartoffeln und grünem Salat.

Beizen als eine Form der Konservierung

Sieht man einmal von den so genannten Essig-, Wein- oder Buttermilchbeizen für Wildfleisch ab, so wird der Begriff Beize vor allem für das Marinieren von Fisch in Salz gebraucht. Neben Salz und Zucker können auch verschiedene Kräuter und Gewürze zur Fischbeize gegeben werden. Der aus Skandinavien stammende „gravlaks" hat diese Zubereitungsform weltberühmt gemacht. Auch kleine heringsartige Fische oder Sardellen wurden schon so gut wie immer in Salz eingelegt. Die Begriffe „Beize" und „Marinade" werden übrigens synonym gebraucht. Bei einer Marinade ohne flüssigen Anteil spricht man meist von einer (Trocken-)Beize.

Beizen mit Salz diente der Haltbarmachung

In Zeiten ohne Kühlschrank und Gefrierfach war es üblich, vor allem Fisch und Fleisch einzusalzen, um sie für einige Zeit zu konservieren. Aus der puren Salzlake entwickelten sich Marinaden mit verschiedensten Zutaten, bei denen Salz eine immer kleinere Rolle spielte.

Die Zartmacher

Neben dem Effekt der Konservierung wird den Beizen und Marinaden nachgesagt, dass sie Fleisch zart machen sollen. Dem ist allerdings nur bedingt so. Man ging lange Zeit davon aus, dass Essigsäure, Milchsäure oder Zitronensäure das Bindegewebe im Fleisch auflockert. Vor allem zähes Fleisch von alten Tieren soll auf diese Weise zart gemacht werden. Die Bundesanstalt für Fleischforschung hat den Einfluss von Essigsäure und Milchsäure in Marinaden auf Rindfleisch untersucht. Ergebnis: geringfügige Verbesserung der Zartheit. Hinzu kommt, dass die verbesserte Zartheit weniger auf den Marinierprozess als viel mehr auf die natürliche Fleischreifung zurückzuführen ist. Sie wissen sicher, dass ein gut abgehangenes Stück Fleisch meist recht zart ist – auch ohne Marinade.

INFO

Man hat festgestellt, dass sauer mariniertes Fleisch während des Marinierprozesses Wasser aufnimmt. Dieses wird beim Braten abgegeben. Der eigentliche Fleischsaft bleibt dagegen weitgehend erhalten. Effekt: Der fertige Braten ist saftiger.

Die Azteken in Mexiko (13. bis 16. Jahrhundert) versuchten es mit einer ganz anderen Marinade. Sie machten sich die eiweißspaltende Fähigkeit von pflanzlichen Enzymen zunutze. So legten sie Fleisch in frischen Ananassaft ein, um es mürbe werden zu lassen. Die Ananas enthält das Enzym Bromelain. Es greift das Bindegewebe an. Dadurch wird das Fleisch in den Randschichten etwas zarter.

Die Geschmacksverbesserer

In früherer Zeit gab es noch einen sehr wichtigen Grund, um Fleisch zu marinieren. In Ermangelung geeigneter Kühlmöglichkeiten war ein erlegtes Tier bereits nach wenigen Tagen der Verwesung ausgesetzt. Mit dem Fäulnisprozess gingen beträchtliche Geruchsveränderungen und Geschmacksbeeinträchtigungen einher. Sie werden **Hautgout** genannt. Sinn und Zweck des Marinierens war es, diesen strengen Geschmack zu überdecken.

Hautgout *= „hautgoût". Dieser Ausdruck stammt aus dem Französischen und lautet übersetzt „starker Geschmack".*

Fleischmarinaden heute

Moderne Methoden der Fleischproduktion, Hygiene in den Schlachthäusern, Tiefkühl- und Kühlmöglichkeiten und vieles mehr haben dazu geführt, dass wir heute frisches, meist zartes Fleisch bekommen. Marinieren im alten Sinne ist also überflüssig. Deshalb geht es heute in erster Linie darum, einem Stück Fleisch durch die Marinade ein besonderes Aroma zu verleihen.

Leider bleibt die Wirkung einer Marinade bei dicken Braten und ganzem Geflügel nur auf die Randbezirke der Fleischstücke beschränkt. Im Kern beeinflusst sie weder Geschmack noch Zartheit. Besonders gut dringt dagegen das Aroma in hauchdünn geschnittenes Fleisch ein. So zum Beispiel beim Carpaccio. Bei dieser Zubereitungsart wird das rohe, in äußerst zarte Scheiben geschnittene Fleisch mit Kräutern und Gewürzen bestreut, mit Öl beträufelt und mit Essig bestäubt. Das Ganze mariniert nur einen Moment lang. Ebenso können Fisch, Gemüse und Obst zubereitet werden.

Mariniertes Gemüse – neu entdeckt

Antipasti-Gemüse und Pickles sind die Renner der modernen Gemüseküche. Ob Ölmarinaden, Essigmarinaden oder Essig-Öl-Marinaden – jeder hat seinen Favoriten. Das Einlegen in Essig (Gemüse-Pickles) ist neben dem Trocknen, dem Räuchern und dem Einsalzen eine der ältesten Konservierungsmethoden. Bereits die ägyptische und später die römische Küche kannten entsprechende Rezepte: „Wie sich Rüben lange aufbewahren lassen: … Schmecke Senf mit Honig, Essig und Salz ab und gieße ihn über die zurechtgelegten Rüben." (Das römische Kochbuch des Apicius, Stuttgart 1991)

Marinierter Käse – geliebter Dauerbrenner

Das Einlegen von Käse in Salzlake, Öl, Essig oder auch Wein stammt auch aus einer Zeit, in der Haltbarmachen durch Kühlung nicht möglich war. Ein eingelegter Käse reifte weiter, ohne dass er äußerlich verschimmelte oder austrocknete. So war er auch nach Wochen noch lecker und bekömmlich. Ja, er entwickelte sogar sein volles Aroma, ohne Schaden zu nehmen. Heute mariniert man Käse aus ganz anderen Gründen. Aromatische Öle, Kräuter und Gewürze, Knoblauch, Zwiebel und vieles mehr verleihen dem Käse einen ganz besonderen Geschmack. Denken Sie nur an Schafkäse in einer Knoblauch-Kräuter-Marinade!

Sauermilchkäse eingelegt in Essig zusammen mit Zwiebeln, Öl und Kümmelsamen. So mariniert man Handkäse in Deutschland und in Österreich.

Würzige Saucen – gepriesen seit Jahrhunderten

Ein langer Weg bis hin zur Sauce

Der Begriff „Sauce" leitet sich vom lateinischen „salsus" beziehungsweise „salsum" ab. Das bedeutet salzig oder Gesalzenes. Bereits im Mittelalter wurde auch in Deutschland die Bezeichnung „salse" gebraucht.

Als der Mensch begann, das Feuer für die Zubereitung seiner Mahlzeiten zu nutzen, wurde zunächst am Spieß, direkt in der Glut oder auf heißen Steinen gegart. So wurde alles quasi „trocken" zubereitet. Sauce kannte man noch nicht. Erst viel später trat das Kochgeschirr in Aktion. In einem Kessel oder Topf zu garen, bedeutete, dass der Saft, den Fleisch, Fisch, Obst oder Gemüse beim Kochen ziehen, aufgefangen wurde. Diese schmackhafte Brühe ließ man sich nicht entgehen. Die Speisen oder das Brot wurden beim Essen hineingetaucht: Die Tunke war entdeckt. Diese Tunke wurde auch extra, sprich aus anderen Zutaten als dem Fleischsaft, zubereitet. Sie sollte helfen, das Fleisch auf angenehme Weise „durch den Schlund in den Magen zu convoyren" (Paul Jacob Marpergers vollständiges Küch- und Keller-Dictionarium, Hamburg 1716). Convoyren heißt so viel wie transportieren.

Eine alte Tunke

Für ein Rezept aus dem 14. Jahrhundert sollte man saure Weintrauben, Salbei, Knoblauch und Speck zerstoßen und zerdrücken. Dies gäbe eine gute Sauce, so der Autor.

Kochbuch des Apicius – Fundgrube für Saucen

Es scheint, dass er ein wahrer Saucen-Fan gewesen ist – der römische Koch Apicius. Er hatte wohl ein Gespür dafür, dass eine gute Küche mit leckeren Saucen steht und fällt. In seinem Kochbuch findet sich eine Vielzahl an Saucenrezepten zu Fleisch, Wild, Geflügel, Fisch und Meeresfrüchten. Er bereitet die Saucen wie damals üblich separat zu – dabei unterscheidet er warme und kalte Saucen. Reichlich Gewürze und Kräuter, Essig, Wein, Honig, Liquamen (salzige Fischsauce), Rosinen, Datteln, Gemüse und vieles mehr tummeln sich in seinen Töpfen. Neben ganz speziellen Saucen finden sich auch solche, die zu verschiedenen Gerichten passen: „Sauce für verschiedene Vögel" oder „Sauce für jedes gekochtes Fleisch" oder „Sauce für alles gekochte und gegrillte Wild".

Die römische Küche kannte bereits eine Vielzahl an Saucenrezepten: „Heiße gekochte Gans mit kalter Sauce à la Apicius: Stoße Pfeffer, Liebstöckel, Koriandersamen, Minze und Raute, gieße Liquamen und ein wenig Öl dazu und schmecke ab. …" *(Das römische Kochbuch des Apicius, Stuttgart 1991).*

Warum waren und sind Saucen so beliebt?

Saucen sollen „dem Festen das Flüssige zugesellen oder die Speisen schlüpfriger machen, damit sie bequemer die Kehle hinuntergehen" (Josef Königs Geist der Kochkunst, überarbeitet von K. F. Rumohr, Leipzig 1885). Neben dieser physikalischen Aufgabe besitzt eine Sauce auch immer eine große geschmacksgebende Rolle. Kennen wir nicht alle die Aussage: „Hm, ich brauche nur die Kartoffeln mit der Sauce." Die Sauce ist für viele Menschen oft das Beste an einem Essen. Dabei ist es häufig ganz gleich, ob sie warm oder kalt auf den Tisch kommt.

Welche Saucen mögen wir heute?

Von der einst einfachen Tunke bis hin zu ausgefallenen Kreationen unserer Tage hat sich eine ganze Menge in Sachen Sauce getan. Die Vielfalt lässt sich nach verschiedensten Kriterien einteilen. Wir wollen an dieser Stelle warme und kalte Saucen unterscheiden. Die warmen Saucen waren bei uns immer sehr beliebt und sie werden es auch bleiben. Aber die kalten Saucen rücken nach vorn auf der Beliebtheitsskala. Gründe dafür sind veränderte Essgewohnheiten und das Kennenlernen fremdländischer Küchen. Grillen, Fondue und Fingerfood sind populär und allerorts wird gedippt. Im Urlaub oder im Restaurant um die Ecke entdecken wir unsere Vorliebe für scharfe Salsas aus Südamerika oder für deren milderen Verwandten aus dem Mittelmeerraum. Und wir sind sicher noch nicht am Ende dieser Entdeckungsreise.

Salsas

Das Wort „salsa" bedeutet im Italienischen „Sauce", im Spanischen „Brühe" oder „Sauce" und im Mexikanischen bezeichnet es eine ganz bestimmte „pikante Sauce". Eine Salsa ist also immer eine Sauce. Niemals ist Salsa jedoch gleich Salsa. Die verschiedenen Länderküchen halten die unterschiedlichsten Variationen bereit: Von ölig-mild bis feurig-scharf sind viele Geschmacksrichtungen möglich.

Die Salsa verde

Sie ist eine der bekanntesten Saucen der italienischen Küche. Eines der ersten aufgeschriebenen Rezepte stammt aus dem Jahre 1548. Grundlage für die Sauce bildet immer Petersilie, hinzu kommen Kapern, Knoblauch, Olivenöl, Salz und Pfeffer. Eingeweichtes Weißbrot verleiht der Sauce die Bindung. Neben Sardellen, hart gekochten Eiern, Gewürzgurken oder Peperoni sind noch andere Zutaten möglich.
In Norditalien ist es Tradition, die Salsa verde zu einem Familienessen, bei dem verschiedene gekochte Fleischsorten auf den Tisch kommen, zu reichen.

Man grillt gern

Wie das mit dem Grillspaß funktioniert, haben uns die Amerikaner mit ihrer Art, ein Barbecue zu veranstalten, gezeigt. Der Begriff „Barbecue" stammt vermutlich vom Indianischen „barbacoa", übersetzt Holzrost, ab. Ursprünglich verstand man darunter ein festliches Essen im Freien, bei dem Fleisch über offenem Feuer in einer Erdgrube gegart wurde.

Man kann wohl sagen, dass wir mittlerweile eine recht grillfreudige Nation geworden sind. An schönen Sommertagen heißt es oft: raus an die Luft und ein ordentliches Feuer entfacht. Familie, Freunde und Bekannte treffen sich und verpassen eingelegtem Gemüse, bunten Spießen, saftigen Steaks und knackigen Würsten die nötige Bräune. Und zu all diesen Leckerbissen muss natürlich eine ganze Reihe ebenso leckerer Saucen her. Das Angebot an Grillsaucen im Supermarktregal hat mittlerweile auch eine nie dagewesene Vielfalt erreicht. Doch eine selbst gemachte Grillsauce ist schon etwas Besonderes und übertrifft alle Fertigprodukte.

INFO

Dank moderner Backöfen und Mikrowellengeräte mit Grillvorrichtung kann man heute das ganze Jahr über Köstlichkeiten vom Grill genießen.

Ketchup

Einst wurde das Ketchup aus Ostindien kommend über England in die ganze Welt getragen. Vom Ursprungsrezept haben wir uns inzwischen weit entfernt. Denn in seiner Heimat wird Ketchup mit einem Extrakt aus Fisch und Schalentieren zubereitet. Die Bezeichnung Ketchup leitet sich entweder vom chinesischen „koe-tchiap“ oder vom malaisischen „kêchap“ ab. Beides sind Fischsaucen.

Chutneys und Relishes

Das Chutney kommt ursprünglich aus Indien. Die Engländer haben es zu uns gebracht und den Namen „chatni“ einfach beibehalten. Der Begriff „chatni“ ist Hindi und bedeutet „zum Lecken“. Die Bezeichnung Relish kommt aus dem englischen Sprachraum und findet meist in Verbindung mit der amerikanischen Küche Erwähnung. Dort wird es zu gegrilltem oder gebratenem Fleisch gegessen. Ein typisch amerikanisches Barbecue ist übrigens ohne entsprechendes Angebot an verschiedenen Relishes und Chutneys gänzlich undenkbar.

Salatsaucen – damals und heute

Von rohen Blättern zum Salat

Schon die ersten Menschen aßen Blätter, Stiele, Wurzeln, Gräser, Kräuter und natürlich auch Früchte in roher Form. Sie entdeckten, dass Rohkost nicht nur schmeckte, sondern darüber hinaus dem Körper gut tat. Und so blieben rohe Blätter auch nach der Einführung des Feuers in der Küche ein wichtiger Bestandteil des Speiseplans. Zunächst pur verzehrt, wurden sie jedoch im Laufe der Jahrtausende kulinarisch verfeinert. Der Salat entstand.

Bereits die alten Römer schätzten Kräuter und Blattsalate, angemacht mit Essig, Öl und **Garum**. Eine Art Vinaigrette also, die damals nur noch nicht diesen Namen trug. Die Salatsauce aus Essig beziehungsweise saurem Wein, Öl und Salz blieb lange Zeit die Einzige, sieht man einmal von Variationen mit Senf oder Anchovis ab. Als die Gewürze ihren Siegeszug antraten, blieb davon natürlich auch der Salat nicht verschont. Die Verwendung von Pfeffer für die Salatsauce hat in dieser Zeit ihren Ursprung.

***Garum** ist eine Fischlake, die in der römischen Küche für die salzige Komponente in der Salatsauce sorgte. Dies tun Sardellen und Anchovis in manchen Saucen heute noch.*

Ein königliches Juwel

Einen Salat ganz besonderer Art schenkte der spanische König Karl II. seiner ersten Frau. Die Zutaten: Smaragde, die den grünen Salat symbolisierten. Die Salatsauce bestand aus Topasen für das Öl, Rubinen für den Essig und Perlen und Diamanten für das Salz, „… welche alle ganz aufgehäufft in einer gueldenen Schuessel der Königin zugesandt worden".

(Paul Jacob Marpergers vollständiges Küch- und Keller-Dictionarium, Hamburg 1716)

Im Laufe der Jahrhunderte wurde der relativ einfache Salat verfeinert und es entstanden sehr aufwendige Zubereitungen. „Gestürzter Salat à la jardinière" war beispielsweise eine üppige Salatkreation des vorigen Jahrhunderts. Es handelte sich dabei um verschiedene Gemüsesalate, die mit Hilfe von Aspik ähnlich wie eine Torte zusammengesetzt wurden.

Salatsaucen in alten Kochbüchern

Gekochte Rote Beten in einer Essig-Öl-Sauce sind durchaus gesellschaftsfähig, wie die Briefe Liselottes von der Pfalz zeigen. Denn dieser Salat stand auf dem Speiseplan des Versailler Hofs Ludwig XIV.

Eine Sauce aus Öl, Essig und Salz verwendete M. Rumpolt, ein Mundkoch der Mainzer Kurfürsten, Anfang des 16. Jahrhunderts, um Endivien, Feldsalat, Rote Bete etc. anzumachen. Spargel und Hopfen hingegen reichte er warm mit einer Sauce aus Erbsenbrühe, Pfeffer, Essig und ein wenig Butter.

Öl, Weinessig und eine Prise Zucker sind auch im Küch- und Keller-Dictionarium Paul Jacob Marpergers von 1716 die Zutaten für die Salatsauce. Für den Salat selbst empfiehlt er unter anderem Kresse, Endivien, Portulak, jungen Hopfen, verschiedene Blüten oder Gurken. Auch Butter anstelle des Öls konnte für die Salatsauce genommen werden, allerdings musste man diese im Essig erwärmen. Reiche Leute, so der Autor, nähmen Mandelöl oder Zitronenöl und Zitronensaft.

Vinaigrette und Majonäse

Den Namen „Vinaigrette" sucht man in den ersten Kochbüchern vergeblich. Zwar wird eine Sauce aus Essig und Öl verwendet, aber nicht so bezeichnet. Erst im Universal-Lexikon der Kochkunst von 1897 wurden wir fündig. Hier beschreibt „Vinaigrette" einen Salat aus gekochtem kaltem Rindfleisch mit einer Sauce aus Salz, Pfeffer, Essig und Öl, Zwiebeln und Kräutern.

Mit der Erfindung der Majonäse im 18. Jahrhundert traten neue Salatsaucen und damit viele neue Salate auf den Plan. Üppige Salatkreationen entstanden, die die Frische und die Leichtigkeit der ursprünglichen Salate teilweise stark vermissen ließen. Heute finden wir wieder mehr und mehr leichte Salatsaucen, und viele majonäsehaltige Salatsaucen werden mit fettarmen Milchprodukten gestreckt oder ganz durch diese ersetzt.

Majonäse – dem Sieger gebührt die Ehre?
1756 ist das Geburtsjahr der Majonäse, einer Emulsion aus Eigelb und Öl. Der Hafen Port Mahon auf Menorca steht Pate für das französische Mahonnaise, aus dem Majonäse wurde. Zwei Legenden ranken sich um die Entstehung. So soll der Herzog von Richelieu, der in Port Mahon über die Engländer siegte, der Erfinder der Majonäse sein. Eine zweite Legende erzählt jedoch, dass die Belagerten von Port Mahon aus ihren Vorräten an Essig, Öl und Eiern die Majonäse mischten.

Vier Charaktere braucht's für eine gute Vinaigrette:
Vier Personen, so ein altes Sprichwort, müssen zusammenarbeiten, damit die Vinaigrette und der Salat richtig gut werden: ein Verschwender für das Öl, ein Geiziger für den Essig, ein Weiser für das Salz und ein Narr, der den Salat mit der Vinaigrette mischt.

Senf – Gewürz mit Tradition

Aus Asien nach Europa

Die Heimat des Senfs lag ursprünglich in Asien und wurde dort wahrscheinlich bereits vor 5000 Jahren kulinarisch und medizinisch verwendet. In Ägypten und im antiken Rom rührte man die gemahlenen Senfsamen einfach in die Gerichte. Mit den Römern kamen der Senf oder besser die Senfsamen dann nach Frankreich und eroberten von dort aus Europa. Dabei wurde nicht nur der Samen, sondern auch die Senfpflanze selbst genutzt: als Viehfutter und als Gemüse.

INFO

Neben dem Samen lassen sich auch die jungen Blätter der Senfpflanze verwenden. Dazu werden die Senfsamen in einem Keimgerät gezogen.

Senf – Mostrich – Mustard – Moutarde

Unser deutsches Wort Senf leitet sich vom lateinischen „sinapi" ab. Die englische Bezeichnung Mustard, die französische Moutarde oder auch das süddeutsche Mostrich geht dagegen auf die Zubereitung des Senfs mit Most zurück, den ursprünglich die Römer zur Senfherstellung nahmen.

Berühmter Senf aus Dijon und Düsseldorf

Das erste erhaltene Senfrezept stammt aus dem 4. Jahrhundert n. Chr. und basierte auf der Verwendung von wildem Senf, Honig, Öl und weißem saurem Wein. Auf dieses Rezept griff man im 13. Jahrhundert in Dijon zurück und stellte einen Senf her, der unter dem Namen „Moutarde de Dijon" weit über die Grenzen Frankreichs hinaus berühmt wurde. Papst Johannes XXII. (1244 bis 1334), der in Avignon residierte, soll Senf gar derartig geschätzt haben, dass er das Amt des „premier moutardier du pape" des „ersten päpstlichen Senfherstellers" schuf.

Schon 1390 wurde die Herstellungsmethode für den Dijon-Senf mit der „Réglementation moutarde" gesetzlich geregelt. Im 17. Jahrhundert erkannte der Sonnenkönig Ludwig XIV. die Statuten der Essig- und Senfhersteller in Dijon an, die somit das exklusive Recht zur Herstellung eines Senfs mit diesem Namen hatten. Heute muss der Dijon-Senf nicht unbedingt aus Dijon kommen, aber sein Herstellungsverfahren ist immer noch gesetzlich vorgeschrieben. Der Trockenmassegehalt darf beispielsweise nicht unter 28 Prozent liegen und der Schalenanteil 2 Prozent nicht übersteigen.

Auch in Deutschland haben sich in bestimmten Regionen charakteristische Senfsorten entwickelt. So verbindet man bereits seit dem 18. Jahrhundert einen würzigen, scharfen Senf mit der Stadt Düsseldorf. Hier gründete Theodor Esser 1726 die erste Senffabrik Deutschlands. Der berühmte bayrische süße Senf, ohne den eine Weißwurst nicht denkbar ist, entstand im letzten Jahrhundert.

Schier unübersehbar ist die Vielzahl der heute angebotenen Senfsorten. Je nach Zutaten reicht die Geschmacksrichtung von süß über mild, leicht sauer bis mittelscharf und scharf.

Senf in vielen Geschmacksrichtungen

Senf war ein begehrtes Würzmittel der mittelalterlichen Küche und daher überaus beliebt. Kein Wunder, dass die Nachfrage groß war und sich die Händler bemühten, das Angebot ständig zu erweitern. So führte der berühmte Senfhersteller Maille aus Frankreich im 18. Jahrhundert mehr als 20 Senfsorten, darunter Knoblauchsenf, Kapernsenf, solchen mit Trüffeln oder mit Kapuzinerkresse oder Senf auf römische Art.

Hausapotheke Küche

Erfahrungsschatz vergangener Zeiten

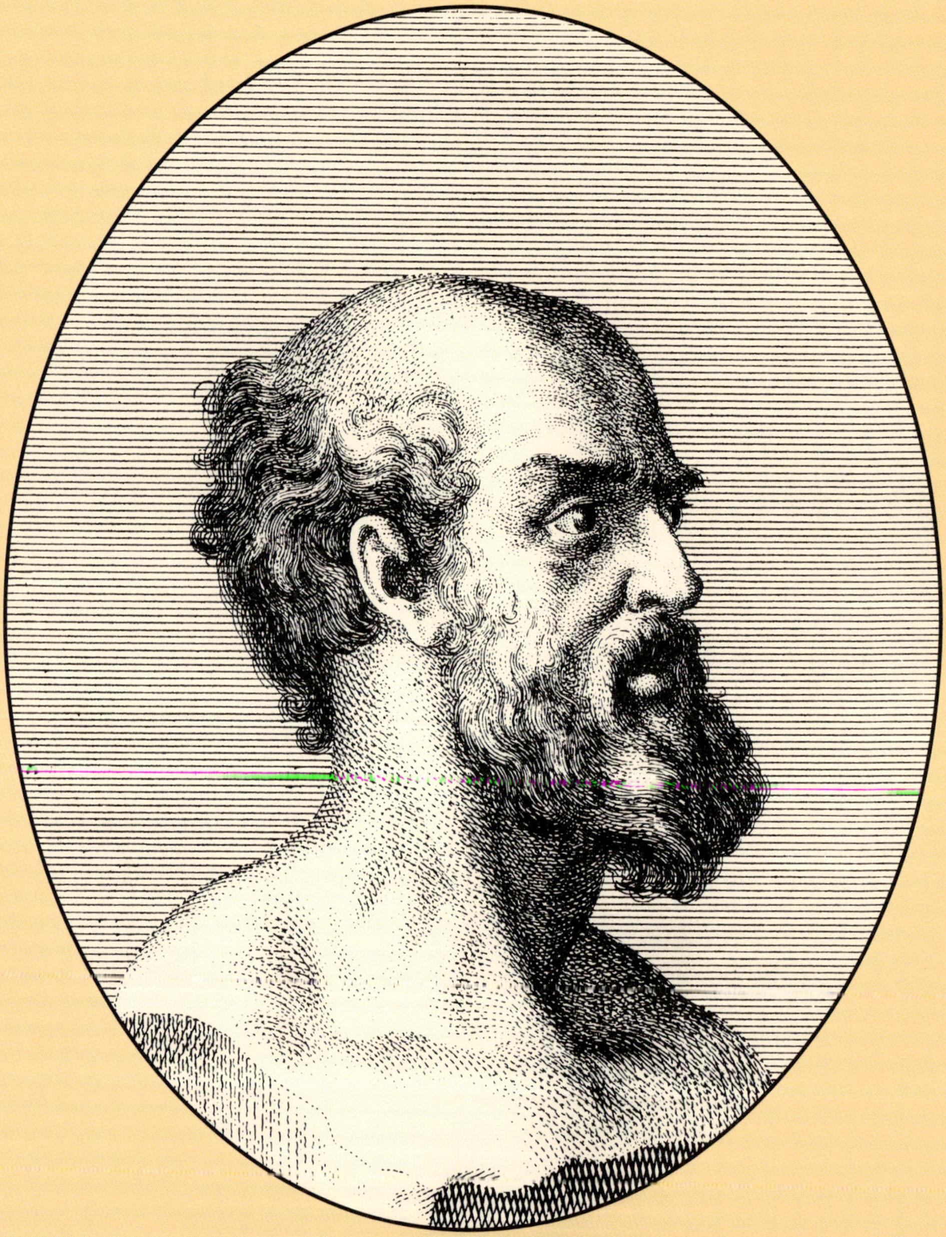

Essig macht's bekömmlicher

Essig ist neben Salz eines der ältesten Würzmittel für Speisen. Doch auch als Heilmittel wird er schon lange verwendet. So behandelte schon Hippokrates (ca. 460 bis 370 v. Chr., Abb. links) Wunden, Gehirnerkrankungen, Blutungen, Koliken oder auch Frauenleiden mit Essig. Im Mittelalter galt der Essig als probates Mittel gegen Lepra, Pest, Schlangenbisse, aber auch zur Behandlung von Darmerkrankungen. Und heute noch wird der Essig pur, verdünnt oder in Form von Dampfbädern gegen allerlei Beschwerden eingesetzt.

Als Zutat in verschiedenen Rezepten, wie zum Beispiel der Vinaigrette, regt er die Verdauung an und fördert somit die Bekömmlichkeit von Speisen. Aufgrund seiner **bakteriziden** Eigenschaften kann man in Essig Gemüse oder Kräuter einlegen und dadurch haltbar machen.

bakterizid *= keimtötende Wirkung.*

Glück, der Senf im Hause hat

Gegen böse Geister und trägen Magen

Senf galt schon immer als wichtiges Heilmittel und wurde im Laufe der Jahrhunderte gegen mannigfaltige Beschwerden empfohlen. Im alten Indien glaubte man, dass Senfkörner Glück bringen und vor bösen Geistern schützen. Aus diesem Grund beräucherte man Neugeborene unter anderem mit Senf. Die Griechen der Antike setzten ihn innerlich gegen Störungen des Stoffwechsels und äußerlich als Senfpflaster ein.

Ein Küchenlexikon aus dem 18. Jahrhundert beschreibt den Senf als ein appetitanregendes und verdauungsförderndes Mittel, da er dafür sorgt, dass mehr Verdauungssäfte in Magen und Darm gebildet werden. Darüber hinaus sei er fäulnishemmend, spalte Fette, erhöhe die Darmperistaltik und beschleunige somit die Ausscheidung der nicht verdaulichen Substanzen. Noch im vorigen Jahrhundert empfahl man Senf vor allem den Greisen, die an einem „trägen" Magen litten.

Mit Senfölen gegen Krankheiten

Was früher schlicht Erfahrung war, ist heute wissenschaftlich bewiesen. Wirksam im Senf sind die so genannten Senföle. Sie kommen geruchlich und geschmacklich erst zum Vorschein, wenn der Senf zerkleinert wird, also wenn man die Samen zerkaut oder zermahlt. Das Enzym Myrosinase, das der Senf selbst besitzt, wird dabei aktiv, arbeitet gleich einem Katalysator und baut die Glucosinolate (Senföle) ab.

Heilend und gesundheitsfördernd

Die scharfen Senföle vertreiben nicht nur bei der Senfpflanze die Fressfeinde, sondern wirken in ähnlicher Weise auch beim Menschen gegen Bakterien und Pilze. Diese Öle werden vom Körper bereits in den oberen Darmabschnitten sehr gut aufgenommen, daher beeinträchtigen sie eine gesunde Darmflora in den unteren Darmabschnitten nicht. Schädliche Bakterien, die sich im Dickdarm angesiedelt haben, können sie allerdings auch nicht beseitigen. Die Abbauprodukte der Senföle gelangen vielmehr in den Harn und wirken hier bei Harnwegsinfektionen antimikrobiell – das bedeutet, sie wirken gegen allerkleinste Lebewesen, wie Bakterien und Pilze.

Die positive Wirkung der Senfpflanze war schon früh bekannt, wie uns diese italienische Buchmalerei aus dem 14. Jahrhundert zeigt. Sie illustrierte die Übersetzung einer arabischen Gesundheitslehre.

Ein weiteres Anwendungsgebiet sind rheumatische Erkrankungen. Da Senf die Haut reizt und somit die Durchblutung der Haut fördert, werden Senfpflaster empfohlen.

Darüber hinaus regt Senf, innerlich angewendet, die Verdauung an. Diese Erkenntnis ist bereits Jahrhunderte alt. Der Senf zur Wurst ist also nicht nur eine kulinarische Empfehlung, sondern tut auch der Gesundheit gut.

Relativ neu dagegen sind Forschungsergebnisse, die zweifelsfrei beweisen, dass Senföle zu den bioaktiven Substanzen in Lebensmitteln zählen. Diese Nahrungsbestandteile besitzen beispielsweise antikanzerogene Einflüsse – sprich, sie wirken gegen Tumorerkrankungen.

Senf im Wickel

Zwar werden die gesundheitsfördernden Substanzen vieler Pflanzen erst in unseren Tagen wissenschaftlich erforscht. Doch das Wissen um die Heilkraft von Kräutern und Gewürzen und die Verwendung in der Medizin sind Jahrtausende alt.
Ein altes Hausmittel sind Senfwickel, bei dem das Senfmehl mit Wasser angerührt und als Wickel aufgelegt wird. Nach ungefähr 10 Minuten muss man den Wickel jedoch entfernen, sonst wird die Haut zu stark gereizt. Diese Wickel werden zum Beispiel bei Katarrhen (Erkältungen) der oberen Luftwege angewandt.

Scharfe Würze gegen harte Muskeln

Die Azteken liebten den Chili. Nicht nur als scharfe Würze, die sogar dem Kakao zugegeben wurde, sondern auch als Heilmittel. Er half bei Zahnweh, bei Verstopfung oder zur Linderung der Schmerzen bei einer Entbindung. Da der Wirkstoff des Chilis, das Capsaicin, die Haut stark anregt und für eine höhere Durchblutung sorgt, nutzt man den Chili in Salben- oder Pflasterform äußerlich bei schmerzhaften Muskelverspannungen. Allerdings reizt Chili in größeren Mengen die Haut und auch die Schleimhäute sehr stark, sodass man bei der Verwendung sehr vorsichtig sein sollte (Packungsanleitung beachten!).

Mikronährstoffe im Rampenlicht

Kleine Mengen mit großer Wirkung

Genauso wie der Senf enthalten eine Vielzahl von Lebensmitteln Substanzen, die bioaktiv wirken können. Bioaktiv werden sie deshalb genannt, weil sie „aktiv" die Gesundheit fördern. Sie ergänzen die lebensnotwendigen Nährstoffe; anders als Stärke, Zucker, Eiweiß oder Fett kommen sie jedoch nur in geringen Mengen oder als Spuren in Lebensmitteln vor. Zu diesen bioaktiven Substanzen zählen Stoffe in fermentierten Lebensmitteln wie dem Jogurt, die durch die Milchsäurebakterien entstehen. Auch die Ballaststoffe sowie die so genannten sekundären Pflanzeninhaltsstoffe gehören dazu. Diese beeinflussen zum Beispiel das Wachstum der Pflanzen, sorgen für die Farbe oder machen den Duft und Geschmack der Pflanzen und Früchte aus.

INFO

Fast alle der in Dressings, Saucen oder Marinaden enthaltenen Gewürze verbessern nicht nur den Geschmack, sondern wirken meist auch noch appetitsteigernd, regen die Magensaftbildung und die Bewegung des Darms an und helfen gegen Blähungen.

Pflanzliche Lebensmittel, wie Getreide, Gemüse, Früchte, Gewürze und Kräuter, sind wahre Fundgruben für bioaktive Wirkstoffe. Deshalb gilt heute mehr als je zuvor die Empfehlung, den Schwerpunkt der Ernährung auf diese Lebensmittelgruppen zu legen. Auch die Saucen oder Dressings in den folgenden Kapiteln enthalten viel Gemüse, viele Kräuter und Gewürze. Sie können so einen Beitrag zur Versorgung mit gesundheitsfördernden Stoffen liefern.

Schwefelreich und farbenfroh

Der Knoblauch mit dem schwefelhaltigen Wirkstoff Allicin sollte schon in vorchristlicher Zeit bei Herzbeschwerden, Kopfschmerzen und Insektenstichen helfen. Heute ist belegt, dass er antimikrobiell und antikanzerogen wirkt, dass er die Blutgerinnung und das Immunsystem positiv beeinflusst und natürlich die Verdauung anregt. Das Alliin in der Zwiebel ist dem Allicin sehr ähnlich.

__Flavonoide__ und Carotinoide sorgen für die gelben und roten Farben von Gemüse und Obst, zum Beispiel in der Tomate, in der Paprika oder in der Chilischote.

Auch für die **Flavonoide** konnte nachgewiesen werden, dass sie der Krebsentstehung, Entzündungsreaktionen oder schädlichen Oxidationsvorgängen entgegenwirken. Die farbenfrohen Salsas enthalten, vor allem wenn sie roh sind, viel von ihnen.

Powerfood gegen freie Radikale

Heute weiß man, dass freie Radikale, das sind äußerst aggressive Sauerstoffverbindungen, bei der Entstehung von Herz-Kreislauf-Erkrankungen oder von Krebs, eine wichtige Rolle spielen. Freie Radikale werden im Körper gebildet und sind zum Beispiel bei der Immunabwehr von eminenter Bedeutung. Rauchen, Medikamente, Abgase, hohe Ozonwerte, ungewohnte körperliche Belastungen lassen vermehrt freie Radikale entstehen.

Antioxidantien können den Körper gegen freie Radikale schützen, und deshalb sollte man sich möglichst gut mit diesen Stoffen versorgen. Neben sekundären Pflanzeninhaltsstoffen, Mineralstoffen, wie Eisen oder Selen, wirken Vitamin E und C sowie das Provitamin Beta-Carotin als Antioxidantien. Wie gut, dass diese auch in vielen Zutaten für Saucen, Salsas und Dressings stecken. Und da sie ja nicht solo, sondern zusammen mit Salaten und Gemüsen gegessen werden, die ihrerseits reich daran sind, helfen sie, genügend Antioxidantien kulinarisch abwechslungsreich aufzunehmen.

Salate für die Gesundheit

Vitaminkombinationen, die es in sich haben

Salate schmecken nicht nur gut, sondern sind auch gesund. Blattsalate, Gemüse, Früchte und Kräuter enthalten viele Vitamine und Mineralstoffe. So sind Paprikaschoten, Chili und Petersilie fast unschlagbar, wenn es um den Vitamin-C-Gehalt geht. Da können Zitrone und Orange vor Neid erblassen. Doch gerade Vitamin C reagiert äußert empfindlich gegen Luft, Licht, Hitze und Feuchtigkeit. Deshalb sind zwei Dinge wichtig. Erstens: die Zutaten möglichst roh verwenden. Kartoffeln, Bohnen oder Hülsenfrüchte müssen natürlich immer gekocht werden. Zweitens: Salate ganz frisch zubereiten und so schnell wie möglich auf den Tisch bringen. Deshalb immer zuerst die Salatsauce zubereiten.

Im Gegensatz zum Vitamin C ist Vitamin E, abgesehen von starker Erhitzung, relativ robust. Dieses Vitamin steckt vor allem in kalt gepressten Ölen oder in Nüssen, Zutaten für viele Dressings und Salatsaucen. Diese liefern aber nicht nur Vitamin E, sondern sorgen auch dafür, dass das fettlösliche Beta-Carotin aus den grünen Blättern oder den bunten Gemüsestücken aufgenommen werden kann.

Salat und Salatsauce ergänzen sich nicht nur aus kulinarischer, sondern auch aus gesundheitlicher Sicht.

Hildegards Salatempfehlung

Hildegard von Bingen, eine Benediktinerin, die vor 1000 Jahren lebte, verfasste eine Reihe von Anweisungen zur Naturheilkunde. Was den Salat betrifft, so war für sie die Salatsauce aus saurem Wein beziehungsweise Essig ein Mittel, die „starke Kälte" des grünen Salats zu temperieren.

Fettarm ist von Vorteil

Zutaten wie Blattsalat, Gemüse oder Früchte sind „Lightprodukte" von Natur aus. Schade, wenn man diesen Vorteil durch eine schwere Salatsauce zunichte machen würde. Wählen Sie deshalb eine Salatsauce mit wenig Fett. Die Empfehlung, weniger Fett aufzunehmen, wird von allen führenden Ernährungsgremien weltweit ausgesprochen. Also häufiger eine „schlanke" Vinaigrette oder eine Jogurtsauce verwenden oder zumindest die Majonäse mit fettarmen Milchprodukten verlängern. Das kommt auf Dauer der Figur zugute.

Unentbehrliche Zutaten

Auf die Qualität kommt es an

Saure Komponente Essig

Essig ist eine wichtige Zutat für unsere Rezepte. Beim Marinieren braucht man ihn, um Eingelegtes mürbe und zart zu machen. Dressings und pikanten Saucen gibt er Geschmack und beim Senf unterstützt er die Haltbarkeit. Aus diesem Grund lohnt es sich, das Sortiment etwas näher zu betrachten. Für welchen Essig Sie sich entscheiden, wird zwar durch den Verwendungszweck beeinflusst, doch sollte Ihr eigener Geschmack immer den Ausschlag geben.

Branntweinessig sollten Sie allerdings nur zum Einlegen von Gurken, Kürbis etc. nehmen. Für Saucen und zum Marinieren empfehlen wir Essige auf der Basis von Wein, die wesentlich feiner im Geschmack sind.

Weinessig – ein absolutes Muss

Weinessige haben das typische Aroma des jeweils vergorenen Weins und können deshalb höchst unterschiedlich schmecken. Weinessig, so schreibt es der Gesetzgeber vor, muss mindestens 6 Prozent Säure aufweisen und aus einwandfreien Rohstoffen hergestellt werden. Da sie eine wichtige Grundzutat für Dressings, Marinaden, Senf und manche pikante Sauce sind, lohnt sich die Mühe, verschiedene Weinessige zu testen.

Aceto balsamico – der Favorit aus Italien

Aceto balsamico ist bei uns äußerst beliebt. Kein Wunder, denn er vereint harmonisch Süße und Säure. Der so genannte Aceto balsamico tradizionale ist jedoch zu schade und auch viel zu kostspielig, um ihn verschwenderisch in eine Marinade zu gießen. Er dient vielmehr als Würze, die man tropfenweise an die Speisen gibt.

Im Gegensatz zum Tradizionale ist der „einfache" Aceto balsamico di Modena erschwinglich. Doch unter diesem Namen werden recht unterschiedliche Produkte angeboten. So kann es sich um einen Weinessig handeln, der beispielsweise die Süße durch Zucker und die Farbe durch Karamell erhielt. Es können aber auch hochwertige, lange gelagerte Essige auf der Grundlage von Traubenmost sein. Leider hilft, um einen guten Aceto balsamico zu finden, nichts anderes als Probieren. Doch die Suche lohnt sich, denn für viele Dressings oder Saucen ist der charakteristische Geschmack eines guten Balsamessigs einfach unentbehrlich.

TIPP

Weißweinessig kann – da er die Speisen nicht verfärbt – äußerst vielfältig verwendet werden. Geschmacklich ersetzt er den kräftigeren Rotweinessig aber nicht immer. Deshalb sollten beide Sorten in jeder guten Küche zu finden sein.

Aceto balsamico di Modena muss übrigens nicht unbedingt aus Modena stammen.

Tradition hat seinen Preis

An einen Aceto balsamico tradizionale werden hohe Anforderungen gestellt. So muss er bestimmte Kriterien bei der Herstellung erfüllen. Das Produkt, das dabei in langer Reifezeit – mindestens 12 Jahre – entsteht, ist eine dunkelbraune, sirupartige Würze mit unvergleichlichem Aroma. Bevor der Essig am Ende in kleine genormte Fläschchen abgefüllt wird und sich Aceto balsamico tradizionale nennen darf, muss er nochmals eine strenge Prüfung bestehen.

Balsamico bianco – der Helle mit Süße

Erst seit relativ kurzer Zeit auf dem Markt ist eine Art Balsamessig, dem die charakteristische braune Farbe fehlt. Deshalb kann er in all den Fällen verwendet werden, in denen der normale Balsamico die Zutaten unter Umständen unappetitlich verfärben würde. Bei diesem Balsamico bianco handelt es sich um einen Weißweinessig, dem zugesetzter Traubenmost die erforderliche Süße verleiht. Er schmeckt mild und süß-säuerlich.

Zu den ersten produzierten Essigen überhaupt zählte der Dattelessig. Dattelwein bildete hier die Grundlage.

Essig aus Fruchtwein – etwas Besonderes

Der bekannteste Vertreter dieser Essigart ist der Apfelessig, den hier zu Lande viele aus gesundheitlichen Gründen zu sich nehmen. Doch auch beim Marinieren oder als Grundlage für eine Salatsauce ist der ausgesprochen milde, fruchtige Essig mit 5 Prozent Säure eine willkommene Zutat. Heute erleben Fruchtessige eine Art Renaissance und man verwendet dabei nicht nur Äpfel, sondern auch Brombeeren, Johannisbeeren, Feigen, Holunder und vieles mehr. Diese Essige weisen den charakteristischen Geschmack der Früchte auf, weshalb sie nicht mit allen Zutaten gleich gut harmonieren und daher gezielt verwendet werden sollten.

Aromatisierter Essig – Vielfalt ohne Grenzen

Essige, die mit Kräuter- und Obstauszügen versetzt und aromatisiert sind, bringen Abwechslung in die Salatküche. Und das besonders in der kälteren Jahreszeit, in der das Angebot an frischen Kräutern knapp wird. Himbeeressig und Estragonessig sind Klassiker, die heute durch viele andere ergänzt werden. Schauen Sie genau aufs Etikett: Es verrät, ob es sich um einen guten Weinessig und natürliche Zutaten oder um zugesetzte Aromen handelt.

Aromatisierter Essig selbst gemacht

Essige zu aromatisieren ist kein Problem, vorausgesetzt man wählt gute Zutaten. Und so wird es gemacht:

- ❑ *Kräuter oder Früchte säubern, klein schneiden und in ein Glas legen.*
- ❑ *Weinessig darüber gießen, das Glas verschließen und an einen warmen Ort stellen. Ab und zu etwas schütteln und abwarten.*
- ❑ *Nach etwa 4 Wochen sind die Aromen ausgezogen. Den Essig abgießen und verwenden.*

Säure aus Früchten

Nicht nur aus Essig, sondern auch aus Fruchtsäften kann die gewünschte saure Komponente stammen. An erster Stelle stehen hier die Zitrusfrüchte, vor allem Orangen, Grapefruits, Zitronen und Limetten. Sie liefern süßlich-saure Säfte, die vor allem bei Dressings und würzigen, kalten Saucen eine Alternative zum Essig darstellen. Manche Früchte wie die Ananas oder die Papaya enthalten nicht nur Säure, sondern auch ein eiweißspaltendes Enzym – sozusagen einen natürlichen Zartmacher, der Fleischzellen aufschließen kann. Deshalb eignen sich diese Früchte oder die Fruchtsäfte daraus zum Marinieren sehr gut.

Enzyme werden durch das Erhitzen zerstört. Deshalb Säfte aus vollreifen Früchten frisch pressen. Fruchtfleischstücke mitverwenden.

Geschmacksträger Öl

Öl ist neben Essig ein unentbehrlicher Bestandteil unserer Rezepte. Viele Dressings und Saucen, allen voran die Vinaigrette, sind ohne Öl nicht vorstellbar. Sie wären nur halb so gut, denn Öl ist – wie jedes andere Fett auch – Geschmacksträger. Ohne Öl könnten Kräuter und Gewürze oder all die anderen Zutaten ihren vollen Geschmack im Gaumen nicht entfalten. Auch beim Marinieren verteilt das Öl das Aroma von Gewürzen und Kräutern gleichmäßig.

Das Einlegen in Öl ist außerdem eine Methode, die Haltbarkeit etwas zu verlängern. Das Öl verhindert, dass die Lebensmittel mit Luft und damit mit Mikroorganismen, die die Lebensmittel zersetzen könnten, in Berührung kommen. Doch lässt sich seine Konservierungskraft nicht mit der vom Essig vergleichen.

Kalt gepresst und raffiniert

Raffinierte Öle sind wesentlich haltbarer als kalt gepresste, da bei der Raffination Substanzen, die den Verderb beschleunigen, beseitigt werden.

Von vielen Ölen, speziell beim Olivenöl, sind kalt gepresste und raffinierte Produkte im Handel. Sie unterscheiden sich in ihrer Herstellungsart, ihren Inhaltsstoffen und natürlich auch im Geschmack. Im Gegensatz zu kalt gepressten werden raffinierte Öle bei höheren Temperaturen gepresst oder das Öl wird mit Lösungsmitteln, die danach wieder entfernt werden, aus den Ölsamen herausgelöst. Bei der anschließenden Raffination wird das Öl entschleimt, entsäuert, gebleicht und auch unerwünschte Gerüche werden entfernt.

Raffinierte Öle sind relativ geschmacksneutral, länger haltbar und können höher erhitzt werden, wie das beim Braten oder Frittieren notwendig ist. Öl aus Soja, Erdnuss und Raps oder Keimöle aus Mais oder Weizen zählen zu den hauptsächlich angebotenen raffinierten Sorten.

Viel Geschmack für die kalte Küche

Kalt gepresste Öle haben neben einer kräftigen Farbe einen typischen, arteigenen Geschmack und Geruch. Dies kann mancher beim ersten Verkosten als zu intensiv empfinden. Lernt man diese Öle allerdings erst zu schätzen, so möchte man sie nicht mehr missen. Zum Braten oder Fritieren sind sie nicht zu empfehlen. Sie verändern sich durch die Hitzeeinwirkung und das wertvolle Vitamin E wird zerstört.

Olivenöl – mediterrane Ingredienz

Olivenöl ist eine Zutat für Salate und Saucen, auf die man eigentlich nur schlecht verzichten kann. Denn es gibt vielen Saucen und Dressings erst die richtige Note – vor allem denen, die aus den Ländern rund ums Mittelmeer kommen. Hier sind die meisten Olivenbäume heimisch.

Die Farbpalette der Olivenöle reicht von kräftig grün bis goldgelb. Was den Geschmack betrifft, so sind Olivenöle äußerst vielfältig, denn Olivensorte, Anbaugebiet, Erntezeit und Klima sind wesentliche Einflussfaktoren. Beispielsweise schmeckt ein Olivenöl aus Kreta vollkommen anderes als eines aus der Toskana oder aus Südfrankreich. Eine Ölprobe lohnt sich!

EG-Vorschriften für Güteklassen: Mit Hilfe von vorgeschriebenen chemischen Analysen und organoleptischen Prüfungen können Olivenöle eingestuft werden. Unter einer organoleptischen Prüfung versteht man eine Beurteilung des Lebensmittels mit den menschlichen Sinnen. Bewertet werden hierbei Geschmack, Geruch, Aussehen, Textur, Farbe usw. Die beste der neun Qualitätskategorien ist das kalt gepresste Native Olivenöl extra.

Olivenöl hat Tradition, war begehrt und ist bis heute wichtiges Handelsgut im Mittelmeerraum. Hier die Olivenbearbeitung in einer Olivenmühle aus dem 16. Jahrhundert.

Nussige Spezialitäten
Sonnenblumenkerne, Walnüsse, Haselnüsse, aber auch Sesam und Mandeln liefern kalt gepresste Öle, die ausgesprochen nussig schmecken. Daher passen sie nicht zu allen Speisen, sondern werden gezielt mit anderen Zutaten kombiniert. Das Kürbiskernöl ist eine österreichische Spezialität. Es wird aus gerösteten Kernen gewonnen, ist tiefgrün und schmeckt kräftig.

Nussöle sollten nur für Salate und kalte Saucen verwendet werden. Wem der nussige Geschmack zu intensiv ist, kann die Öle auch gut mit neutralen raffinierten Ölen mischen.

MENGEN

Auf 1/4 l Öl rechnet man:
mindestens 5 Zweige frische Kräuter oder
1 bis 2 Chilischoten oder
2 bis 3 Knoblauchzehen oder
2 bis 3 Schalotten

Aromatisierte Öle selbst gemacht

- ❑ *Kräuter kalt abspülen, gut trockentupfen und noch etwas trocknen lassen. Es darf kein Wasser mehr daran sein, sonst verdirbt das Öl. Kräuterblätter von den Stielen zupfen und etwas knicken oder mit einem Wellholz darüber rollen, damit das ätherische Öl besser austreten kann. Chilischoten abreiben und halbieren, Knoblauch und Schalotten schälen.*
- ❑ *Die Aromazutaten in eine saubere Flasche geben. So viel Öl darüber gießen, dass alles bedeckt ist. Kräuter eventuell mit einem Deckel oder etwas Pergamentpapier beschweren.*
- ❑ *Das Öl 4 bis 5 Wochen dunkel und kühl stellen.*
- ❑ *Aromazutaten herausnehmen und das Öl innerhalb von etwa 3 Monaten aufbrauchen.*

Das Öl kann an einen kühlen Ort wie die Speisekammer gestellt werden. Auch der Kühlschrank ist geeignet, doch wird das Öl hier leichter trüb. Das gibt sich jedoch bei Zimmertemperatur wieder.

Kräuteröle und Gewürzöle
Genauso wie Essig, so ist auch Öl ein ideales Lösungsmittel für Aromastoffe. Deshalb ist es leicht, Gewürz- und Kräuteröle herzustellen. Es lohnt sich, denn aromatisierte Öle sind äußerst vielseitig zu verwenden. Sie können Bestandteil einer Salatsauce sein beziehungsweise exakt das richtige Öl, um Gemüse darin zu dünsten oder zu marinieren.

Grundlage ist ein nicht zu kräftiges kalt gepresstes Öl, am besten Olivenöl. Als Aromazutaten eignen sich Kräuter, wie Basilikum, Thymian, Salbei oder Zitronenmelisse, Chilischoten, Knoblauchzehen und kleine Schalotten.

Senf – Samen mit scharfen Ölen

Senf gehört, wie Meerrettich, Rettich oder Kresse, zur Familie der Kreuzblütler. Sie alle besitzen einen mehr oder weniger starken, scharfen, beißenden Geschmack. Er wird verursacht durch die enthaltenen Senföle (siehe Seite 21 bis 23), die aber nicht mit dem Fett- beziehungsweise dem Ölanteil des Samens zu verwechseln sind.

Gelb, braun oder schwarz

Mehr als 40 verschiedene Senfsorten werden rund um den Globus angebaut. Bei uns sind davon jedoch hauptsächlich zwei – der weiße oder gelbe und der schwarze Senf – von Bedeutung. Daneben gibt es beispielsweise noch den Indischen Braunsenf oder den Sareptasenf.

Der Weiße Senf mit dem lateinischen Namen Sinapis alba liefert keine weißen, aber doch helle, ockerfarbene Samen und schmeckt etwas milder. Sein charakteristischer Wirkstoff heißt Sinalbin. Die dunkelbraunen bis schwarzen Samen des Schwarzen Senfs, Brassica nigra, enthalten das Senföl Sinigrin.

Vom Mahlen und Maischen

Um Senf herzustellen, muss der Samen nach dem Reinigen, Sieben und Polieren zerkleinert werden. Je nach Senftyp wird dann die Schale und auch das Öl entfernt und der Senf weiter zermahlen. Nun kommen Wasser, Wein, Essig, Bier ebenso wie Gewürze dazu. Das Ganze wird eingemaischt, das heißt sorgfältig gemischt. Dabei entwickelt sich das Senfbukett. Manchmal wird der Senf noch erhitzt und in einigen Fällen nochmal vermahlen. Beim Dijon-Verfahren lässt man die ganzen Körner vorquellen, walzt sie und entfernt danach die Schalenteile. Danach werden die geschmacksgebenden Zutaten dazugegeben und alles wird gründlich gemischt.

Drei Schärfegrade – drei Grundsorten

Zum so genannten scharfen Senf zählt der Düsseldorfer Senf, der traditionell aus braunem Senfsamen hergestellt wird, sowie der Dijon-Senf.
Eine Mischung aus weißen und braunen Samen ist die Grundlage des mittelscharfen Senfs, den man auch Delikatess- oder Tafelsenf nennt.
Beim süßen Senf, zur Weißwurst obligatorisch, werden die Samen nur grob gemahlen. Er enthält Zucker und wird heiß eingemaischt, damit er mild wird.

TIPP

Senfsamen kann man in einer Keimschale oder einem Keimgerät sprossen lassen. Die kleinen grünen Blättchen haben den typischen Senfgeschmack und können wie Kräuter verwendet werden.

Senfvielfalt

Neben den Klassikern findet man eine Fülle an Senfspezialitäten. Hier einige Beispiele aus dem Angebot: Der Rotisseur-Senf ist ein mittelscharfer, grobkörniger Senf, der bei der Zubereitung von Gerichten häufig gebraucht wird. Meerrettichsenf enthält Meerrettich, Paprikasenf Paprika und der bekannte Estragonsenf natürlich Estragon. Darüber hinaus gibt es Senf mit grünem Pfeffer, Zwiebeln, verschiedenen Kräutersorten oder Honig. Nicht vergessen werden darf das englische Senfpulver, das aus weißen und braunen fein vermahlenen Senfsamen besteht.

Kräuter und andere würzende Zutaten

Grün in allen Schattierungen

Kräuter sind für die allermeisten Saucen und Marinaden in diesem Buch unerlässlich. Sie sorgen für Geschmacksvielfalt, setzen Akzente oder stellen gar die Grundlage der Sauce dar. Frische Kräuter mit ihrem vollen Aroma stehen vor allem bei kalten Saucen, Dressings oder Salatsaucen im Vordergrund. Getrocknete Kräuter kommen eher in eine Marinade.

Fremde Kräuter aus fernen Ländern

Neben der gesamten Palette an heimischen Kräutern werden auch einige, weniger geläufige aus fernen Ländern in den Rezepten verwendet – speziell bei den Salsas. Da ist beispielsweise frischer Koriander, der in asiatischen und südamerikanischen Küchen zu Hause ist. Das Kraut besitzt ein ausgeprägtes typisches Aroma, das Fachleute mit „nach Wanzen riechend“

beschreiben. Lassen Sie sich von dieser Beschreibung nicht abschrecken. Frischer Koriander passt sehr gut zu vielen Saucen. Thai-Basilikum und Zitronengras sind typisch für die thailändische Küche. Das Thai-Basilikum, das etwas nach Anis schmeckt, ist mit unserem Basilikum verwandt und kann auch durch dieses ersetzt werden. Das Zitronengras gibt den Speisen einen zitronenartigen Duft und Geschmack. Genauso wie Lorbeerblätter kann es jedoch nicht mitgegessen werden. Es bleibt auch nach langem Kochen hart und faserig.

Scharf ist nicht gleich scharf

Da die mexikanische und die asiatische Küche, aus denen die Salsas stammen, großenteils sehr scharf sind, sind Chilis unverzichtbar. Zahlreiche Sorten in unterschiedlichen Schärfegraden und Formen sind in den verschiedenen Ländern zu Hause. So gibt es in Südamerika beispielsweise Chilaca, Serrano oder de Árbol. Hier zu Lande, im Supermarkt oder im Gemüseladen, ist die Auswahl sehr beschränkt. Gut zu bekommen ist der Jalapeño-Chili, eine fleischige mexikanische Pfefferschote. Im Handel findet man ihn meist im Glas, in gut sortierten Gemüsegeschäften oder auf dem Markt manchmal auch frisch. Meist werden kleine spitze Chilis, sowohl frisch als auch getrocknet, in Farbschattierungen, die je nach Reife von kräftigem Grün über Gelb bis zu knalligem Rot reichen, angeboten. Getrocknet und zermahlen sind sie unter dem Namen Cayennepfeffer im Handel. Auch Tabasco oder Sambal oelek wird aus Chilis hergestellt. Piri-Piri-Schoten sind kleine in Salzlake eingelegte Chilis.

Ein wenig milder als die Chilis, aber für europäische Gaumen immer noch sehr scharf, sind die langen, schmalen Peperoni, die sehr gut erhältlich sind.

Handwerkszeug und Küchenpraxis

Mit Know-how zum Erfolg

Eine solide Grundausstattung reicht aus

Nur keine Angst. Sie müssen nicht im Haushaltswarengeschäft einkaufen, bevor Sie mit dem Ausprobieren der Rezepte beginnen. Für das Zubereiten von Marinaden, kalten Saucen und Dressings benötigen Sie einfaches Handwerkszeug, das Sie sicher im Haus haben. Einige elektrische Geräte sind hilfreich, aber meist kommt man mit anderen Mitteln auch ans Ziel. Mag sein, dass Sie dann etwas mehr Zeit brauchen – aber was macht das schon, wenn der Aufwand sich am Schluss gelohnt hat.

Schneiden und Schälen

Im Grunde genügen zwei verschiedene Messer: ein kleines Schälmesser oder ein Gemüse- beziehungsweise Kartoffelmesser und ein großes schweres Messer mit glatter Klinge (Koch- oder Schlagmesser). Das große Messer kann, wenn Sie kein Wiegemesser besitzen, auch beim Hacken von Kräutern gute Dienste leisten. Beide Messer sollten stets scharf sein. Aus diesem Grund ist ein Wetzstahl empfehlenswert.

Hier und da ist ein Sparschäler hilfreich. Wer im Umgang mit dem Küchenmesser geschickt ist, kann allerdings auf ihn verzichten.

Reiben und Raspeln

Eine gute Küchenreibe ist wichtig. Wir empfehlen eine aus Edelstahl. Sie lässt sich gut reinigen und nimmt den Geruch und Geschmack der Lebensmittel oder der Gewürze nicht an. Außerdem ist sie auch richtig scharf: Vorsicht, enorme Verletzungsgefahr! Je nachdem, was gerieben werden soll, brauchen Sie eine Raspel (für Gemüse- oder Käseraspel), eine Stiftelreibe (für Gemüsestifte) und eine Zackenreibe (für Hartkäse). Bei Raspel und Stiftelreibe wären zwei Stärken wünschenswert. Am praktischsten sind viereckige, aufrecht stehende „Reibetürme“, die die verschiedenen Modelle in einem bieten.

Wenn es darum geht, von Zitrusfrüchten feine Streifen abzuziehen, so gelingt das am besten mit einem Juliennereißer (Zestenreißer). Sollten Sie keinen besitzen, kann die Schale auch hauchdünn abgeschält und anschließend in feine Streifen geschnitten werden. Schließlich ist es auch möglich, die Schale auf einer Zitrusreibe abzureiben. Dabei handelt es sich um eine meist flache Edelstahlreibe mit ganz feinen Reibezähnen.

TIPP

Für viele ist das Reiben und Raspeln in einer Küchenmaschine mit entsprechenden Einsätzen die eleganteste Lösung.

TIPP

Die Küchenmaschine ist übrigens nur dann von Vorteil, wenn entsprechend große Mengen verarbeitet werden. Bei zu kleinen Mengen hängt alles an den Wänden der Rührschüssel, und das Ergebnis ist nur wenig zufriedenstellend.

Hacken, Mixen und Pürieren

Drei Funktionen – ein Gerät, das kann nur eine elektrische Küchenmaschine mit Mixaufsatz leisten. Aber es geht auch anders: Mit einem großen, schweren Messer mit glatter Klinge (Koch- oder Schlagmesser) können Sie fast alles wunderbar klein hacken. Gleiches gilt für so genannte Blitzhacker (elektrisch). Große Mengen frischer Kräuter können auch mit einem Wiegemesser zerkleinert werden. Das Mixen von Zutaten kann mittels eines elektrischen Handrührgerätes in einer Rührschüssel geschehen. Pürieren können Sie mit einem Pürierstab (auch Passier- oder Schneidstab) des Handrührgerätes oder mit einem Stabmixer.

Rühren und Aufschlagen

Der gute alte Schneebesen ist die beste Alternative zum elektrischen Handrührgerät oder zur Küchenmaschine. Bei stückigen Zutaten sollte ein Rührlöffel zum Einsatz kommen.

Trockenschleudern

Für die meisten Gerichte ist es wichtig, dass die gewaschenen Kräuter trocken weiterverarbeitet werden. Dies erreichen Sie am einfachsten, indem Sie die Kräuter in einer Salatschleuder vorsichtig schleudern. Alternativ können sie auch mit einem sauberen Geschirrtuch trockengetupft werden.

Zerreiben und Zerstoßen

Für das Zerreiben von Knoblauch oder Kräutern ist ein Mörser unabdingbar. Gleiches gilt für das Zerstoßen von Gewürzen. Ein guter Mörser besteht aus dickwandigem Marmor, Porzellan oder Holz. Die innere Rundung ist meist aufgeraut. Der Stößel kann aus Marmor, Porzellan oder Holz sein. Mörser aus Zinn, Messing oder Kupfer dürfen auf keinen Fall in der Küche zum Einsatz kommen. Sie gehören als Dekorationsobjekte auf das Regal. Wenn Sie noch keinen Mörser besitzen, sollten Sie über eine Anschaffung nachdenken. In der Regel ist ein Mörser erschwinglich.

Passieren

Passieren bedeutet, Saucen oder Pürees durch ein feines Sieb streichen. Auf diese Weise wird die Masse von festen Bestandteilen, wie zum Beispiel Schalenresten oder Kernen, getrennt. Drei Handwerkszeuge sind für diesen Vorgang möglich: Eine so genannte Flotte Lotte (siehe rechts) aus Edelstahl. Mit einer Kurbelautomatik drückt man die Lebensmittel durch das Sieb. Ein spitz zulaufendes Passiersieb (Spitzsieb) aus Edelstahl mit feiner Lochung und ein spitzer Holzstößel. Ein großes Haarsieb möglichst aus Edelstahl. Die jeweilige Masse kann mit einem hölzernen Kartoffelstampfer, mit einem stabilen Rührlöffel oder einem Kunststoffspachtel durch das Sieb gearbeitet werden.

Die Flotte Lotte.

Utensilien zur Senfherstellung

- *elektrische Kaffeemühle;*
- *Mixer oder Pürierstab;*
- *Mörser (für groben Senf);*
- *säurebeständige Rührschüssel;*
- *kleine Twist-off-Gläser.*

INFO

Gefäße aus Eisen, Kupfer, Messing, Zinn oder Kautschuk dürfen nicht mit Essig in Berührung kommen, da diese Materialien nicht säurebeständig sind.

Essig in der Schüssel

In vielen Salatsaucen, in einigen Marinaden und einigen kalten Saucen ist Essig enthalten. Bedenken Sie, dass Essigsäure die Oberfläche verschiedener Materialien angreift und Metalle auflöst. Daraus ergibt sich, dass die besagten Saucen und Marinaden nur in Glasgefäßen, in Steingut und Porzellan mit bleifreien Glasuren oder in Kunststoffgefäßen zubereitet und aufbewahrt werden dürfen. Sind Sie sich bezüglich der Glasur einmal nicht sicher, verwenden Sie lieber ein anderes Gefäß.

Grundlegende Handgriffe

Einige Vorbereitungen tauchen bei vielen Rezepten immer wieder auf. Wir haben sie deshalb hier ausführlich erläutert. Die entsprechenden Rezepte sind mit einem Verweis versehen.

Tomaten und Aprikosen enthäuten

- Die Früchte leicht kreuzweise einritzen, in eine Schüssel legen und kochendes Wasser darüber gießen.
- Wenn die Haut sich zu lösen beginnt, die Früchte herausnehmen, kalt abschrecken und die Haut abziehen.
- Dann die Früchte halbieren oder vierteln und laut Rezept weiterverarbeiten.

Paprikaschoten enthäuten

- Die Paprikaschoten im Ganzen auf ein mit Backpapier ausgelegtes Backblech legen und im Backofen so lange grillen, bis ihre Haut braun verfärbt ist und Blasen wirft.

- Währenddessen die Schoten mehrmals wenden. Vorsicht, die Paprikaschoten bräunen ziemlich rasch. Deshalb lieber häufiger einmal nachsehen.
- Die Schoten herausnehmen, mit einem nassen Geschirrtuch bedecken und abkühlen lassen.
- Nun die Haut von den Schoten abziehen, Kerngehäuse und Stiele entfernen und das Fruchtfleisch laut Rezept weiterverarbeiten.

Kräuter vorbereiten und aufbewahren

- Kräuter werden am besten erntefrisch verarbeitet.
- Kräuter stets unter kaltem Wasser abspülen und gut trockenschleudern oder mit einem Tuch trockentupfen.
- Frische Kräuter geben ihr Aroma besonders gut ab, wenn man sie in einen Gefrierbeutel legt und mit einem Wellholz darüber rollt.
- Die meisten frischen Kräuter, wie zum Beispiel Thymian, Rosmarin, Salbei, Petersilie oder Estragon, bleiben im Gemüsefach des Kühlschranks ein paar Tage frisch. Vorausgesetzt, sie sind in einem Gefrierbeutel verpackt. Empfindlich sind Basilikum und Dill. Sie bekommen schnell dunkle Flecken und sollten deshalb rasch verbraucht werden.
- Größere Mengen Kräuter können auch eingefroren werden. Dazu die Kräuter waschen, gut trockentupfen, fein hacken und in kleine Gefrierdosen füllen. Im Tiefkühlfach halten sie etwa ein Jahr.

TIPP

Kräuter ähnlich wie Schnittblumen in ein Glas mit Wasser zu stellen, ist nicht zu empfehlen. Die Blätter welken schnell und die Stiele faulen leicht.

Mit Chili und Peperoni richtig umgehen

Frische Schoten waschen, trockenreiben, längs halbieren und den Stiel entfernen. Je nach Geschmack die Kerne und Seitenwände herausschneiden. Sie haben die meiste Schärfe. Die Schoten hacken oder in feine Streifen schneiden.

Chili und Peperoni brennen auf der Haut

Wer die Schoten schon einmal zubereitet hat, weiß, dass die Schärfe Spuren hinterlässt. Selbst nach einigen Stunden kann ein Reiben der Augen mit den Händen sehr schmerzhaft sein. Auch kleine Verletzungen brennen beim Kontakt mit Chilis höllisch. Deshalb am besten Gummihandschuhe anziehen oder direkt anschließend die Hände mehrmals gründlich mit warmem Wasser waschen.

Marinaden selbst gemacht

Essig, Öl und viel Aroma

Gewusst wie

Will man verschiedene Lebensmittel marinieren, sollte man einige grundlegende Dinge beachten. Bevor Sie also mit den Rezepten loslegen, nehmen Sie sich etwas Zeit für die folgenden Informationen. So ersparen Sie sich eventuelle Pannen.

Kräftig abschmecken

In der Hauptsache sollen Marinaden Aromen übertragen und so den Lebensmitteln einen ganz besonderen Geschmack verleihen. Damit das gelingt, muss eine Marinade immer sehr kräftig gewürzt werden – vor allem, wenn sie nicht mit verzehrt wird. Scheuen Sie also nicht davor zurück, Ihrer Marinade ordentlich Pfiff zu geben. Wird Käse oder Gemüse eingelegt, ist die Marinade natürlich milder, da sie meist mitgegessen wird.

Fleisch und Geflügel marinieren

Die Auswahl

- Ganz gleich ob Schwein, Rind, Kalb, Wild oder Geflügel, zum Marinieren bestimmtes Fleisch sollte stets frisch sein. Vor allem bei Geflügel top-frische Ware wählen, damit Salmonellen nicht zur Gefahr werden. Auf keinen Fall Tiefgefrorenes nehmen, da während des Gefrierens die Fleischzellen zerstört werden. Fleischsaft tritt aus und eine Marinade würde hier das Fleischstück regelrecht auslaugen. Flache Fleischstücke auswählen, damit die Marinade gut eindringen kann.

Das Vorbereiten

- Fleisch, Wild und Geflügel immer kalt abspülen und mit Küchenpapier trockentupfen. So gelangt die Marinade besser an die Fleischfasern. Bei Geflügelteilen mit Haut, diese mit einem Schaschlikspieß oder mit einer Gabel mehrmals einstechen. Die Marinade kann dann besser eindringen.

Das Marinieren

- Fleisch, Wild und Geflügel gehören während des Marinierprozesses in den Kühlschrank. Ist das jeweilige Fleischstück nicht völlig mit der Marinade bedeckt, muss es mehrmals gewendet werden. In einem Gefrierbeutel kann selbst mit kleinen Mengen an Marinade ein gutes Ergebnis erzielt werden, da sich die Flüssigkeit optimal um das Fleischstück verteilt.

TIPP

Die meisten Fleischsorten müssen rund 24 Stunden in der Marinade liegen. Es braucht Zeit, bis sie Geschmack annehmen. Bei Geflügelfleisch geht dies deutlich schneller (5 bis 12 Stunden).

Das Garen

- ❑ Mariniertes Fleisch eignet sich zum Grillen, Braten oder Schmoren. Man lässt die Marinade abtropfen, entfernt zum Beispiel Kräuter oder Gewürze und gart wie gewohnt. Beim Grillen (elektrisch oder über Kohle) kann das Fleisch am Ende der Garzeit noch zusätzlich mehrmals mit Marinade bestrichen werden.
- ❑ Beim Zubereiten auf dem Holzkohlegrill können Kräuter, Knoblauch oder Gewürze leicht verbrennen. Das beeinträchtigt natürlich den Geschmack. Dem wirkt man am einfachsten entgegen, indem das Fleisch nicht zu nah über der Glut platziert wird und hochschlagende Flammen gelöscht werden.
- ❑ Besondere Vorsicht bei Marinaden mit Zucker, Honig oder Marmelade! Zucker karamelisiert zunächst, kann aber auch verbrennen. Deshalb sollte man entsprechende Lebensmittel nicht zu stark erhitzen. Am besten ist in solchen Fällen das Grillen im Ofen geeignet.

Fisch marinieren oder beizen

Gebeizter Fisch ist zum sofortigen Verzehr bestimmt. Er kann schnell verderben.

Die Auswahl

- ❑ Damit der Fisch in der Marinade oder Beize nicht verdirbt, darf nur fangfrische Ware genommen werden. Fisch aus dem Tiefkühlfach kommt überhaupt nicht in Frage. Warum? Tiefkühlfisch ist alles andere als fangfrisch. Sein Fleisch zieht beim Marinieren viel Wasser und laugt aus. Außerdem wird der Geschmack des Fisches durch das Einfrieren nachteilig verändert – gebeizt bietet ein solcher Fisch also keinen optimalen Genuss mehr.
- ❑ Zum Beizen eignen sich fettreiche Fische mit festem Fleisch. Filets zum Beizen müssen grätenfrei und mit Haut sein. Zum Marinieren eignen sich ganze, kleine Fische, Filets (mit und ohne Haut) oder Koteletts.

Das Vorbereiten und das Marinieren

- ❑ Auch der Fisch wird wieder zunächst kalt abgespült und mit Küchenkrepp sorgfältig trockengetupft, damit die Marinade gut ans Fleisch gelangen kann.
- ❑ Fisch gehört während des Marinierens in den Kühlschrank. Ist er nicht vollständig mit Marinade bedeckt, muss er mehrmals gewendet werden.

Das Garen

- Marinierter Fisch eignet sich zum Grillen, Dämpfen, Dünsten oder Braten. Man lässt die Marinade abtropfen und gart wie gewohnt.

Gemüse und Pilze einlegen

Die Auswahl

- Gemüse und Pilze müssen erntefrisch und von einwandfreier Qualität sein. Das heißt, Schimmel und Druckstellen dürfen nicht vorhanden sein. Vor allem Pilze verderben rasch. Grund ist die schnelle Zersetzung des Pilzeiweißes. Kleine, feste Pilze eignen sich am besten. Besonders kleine Pilze können auch im Ganzen eingelegt werden.

Sind Gemüse, Pilze und Kräuter nass, können sie während des Marinierens verschimmeln.

Das Vorbereiten

- Gemüse und Pilze müssen vorgegart werden. Sie sollen jedoch in jedem Falle noch bissfest sein. Die verschiedenen Sorten weisen unterschiedliche Garzeiten auf – müssen also entsprechend getrennt gegart werden. Geeignete Garmethoden sind Kochen, Dämpfen oder Braten. Gegarte Pilze zum Abtropfen auf ein sauberes Geschirrtuch legen. Gegebenenfalls trockentupfen.
- Es lohnt sich, das gekochte oder gedämpfte Gemüse in Eiswasser abzuschrecken. Dazu reichlich Eiswürfel in eine Schüssel mit kaltem Wasser geben. Das Gemüse portionsweise mit einem Schaumlöffel hineingeben und kurz darin verweilen lassen. So bleibt es knackig und behält die Farbe. Anschließend wird das Gemüse ebenfalls auf einem Tuch getrocknet.
- Werden frische Kräuter, Zwiebeln oder Oliven mit eingelegt, müssen sie nach dem Waschen gut trockengetupft werden.

TIPP

Speziell für Grillgemüse gilt, dass es nicht zu lange in der Marinade liegen darf. Je nach Sorte nimmt es zu viel Öl auf.

Das Marinieren

- Eingelegtes Gemüse muss erst eine Weile durchziehen, bevor es so richtig schmeckt. In Öl oder in Essig und Öl Eingelegtes sollte eine Woche an einem kühlen Ort (Speisekammer oder Keller) stehen. Essiggemüse können Sie bereits nach zwei Tagen versuchen.
- Marinierte Pilze sind nach zwei Tagen fertig. Sie müssen auf jeden Fall im Kühlschrank stehen.

Die Haltbarkeit

- Mariniertes Gemüse sollte innerhalb einer Woche verzehrt werden. Ist es in reichlich Essig eingelegt, hält es sich etwas länger. Das Gemüse muss stets mit Marinade bedeckt sein.
- Pilze sind zum sofortigen Verzehr bestimmt – maximal zwei Tage im Kühlschrank aufbewahren.

Käse einlegen

Die Auswahl

- Geeignet sind Käse aus Kuhmilch, Schafmilch oder Ziegenmilch. Neben Camembert und anderen Weichkäsen kommen auch Frischkäse oder der so genannte Fetakäse (Lakekäse aus Schafmilch) in Frage. Legen Sie jungen Käse ein. Während des Marinierens reift er zum Teil kräftig nach.

- Weichkäse sollte möglichst jung und ziemlich fest sein. Frischkäse müssen fest gepresst sein. Ist die Käsemasse zu locker, würde sie während des Marinierens unweigerlich auseinander fallen.
- Hartkäse sind dagegen weniger gut geeignet, da sie aufgrund ihrer Konsistenz kaum Aroma aus der Marinade aufnehmen können. Vielmehr geben sie selbst Geschmack ab, so zum Beispiel bei eingelegtem Gemüse.

Das Vorbereiten

- Werden Zwiebeln, Chilischoten, frische Kräuter, Oliven oder Gemüse mit eingelegt, müssen sie nach dem Waschen gut trocken sein.

Das Marinieren

- Eingelegter Käse sollte je nach Sorte fünf bis sieben Tage durchziehen. Er muss auf jeden Fall an einem kühlen Ort (Speisekammer oder Keller) stehen.

Die Haltbarkeit

- Nachdem der Käse durchgezogen ist, sollte er grundsätzlich bald verzehrt werden. Bei Frischkäsen und Weichkäsen droht die Marinade rasch umzukippen. Deshalb sollten die Käse nach zwei Tagen aufgebraucht sein. Schafkäse ist samt Marinade etwas unempfindlicher. Trotzdem sollte er innerhalb einer Woche aufgegessen sein.

Eine gute Marinade gibt eine gute Sauce

Manche Marinaden können Grundlage einer Sauce sein:

- Der Bratenfond wird einfach mit der Marinade abgelöscht. Bei kräftigen Marinaden genügt bereits eine kleine Menge. Das Ganze kann noch mit Wein, Wasser oder Gemüsebrühe aufgegossen werden.
- Flüssigkeit einreduzieren lassen, mit Jodsalz und Gewürzen abschmecken und eventuell mit Sahne verfeinern oder frische Kräuter hinzugeben.
- Eine Marinade kann einer Sauce auch als Würzzutat das gewisse Extra verleihen. Hierbei ein bis zwei Esslöffel Marinade in die fertige Sauce einrühren.
- Achtung: Es gibt aber auch Marinaden, die sind einfach zu kräftig – dies betrifft manche Fleischmarinaden. Sie eignen sich daher nicht als Saucenzutat.

TIPP

Marinade verwerten: Die Marinade von Schafkäse durch ein feines Sieb seihen und zum Dünsten oder Braten verwenden. Kühl und dunkel aufbewahren. Sie ist nur kurze Zeit haltbar.

Rezepte

Sauerbraten

Für 6 Portionen

TIPP

Beim typisch rheinischen Sauerbraten nimmt man anstelle des Mischbrots Pumpernickel und kocht in der Sauce außerdem noch einige Rosinen mit.

Für die Marinade:
2 Karotten
1 Stück Knollensellerie
2 Zwiebeln
800 ml trockener Rotwein
300 ml Rotweinessig
4 Knoblauchzehen
5 Gewürznelken
4 Pimentkörner
1 Tl schwarze Pfefferkörner
1 Tl Koriandersamen
4 große Zweige Thymian
2 Lorbeerblätter
$1/2$ Zimtstange
Außerdem:
1-2 kg Rinderschmorbraten
Jodsalz
3 El Öl
250 ml ungesalzene Rinderbrühe oder Rinderfond aus dem Glas
1 Scheibe Mischbrot
75 ml süße Sahne
frisch gemahlener Pfeffer

1. Karotten, Sellerie und Zwiebel schälen, in große Stücke schneiden und mit Wein und Essig mischen. Ebenso den geschälten Knoblauch dazugeben.

2. Nelken, Piment, Pfeffer und Koriander im Mörser grob zerstoßen. Danach alle Marinadenzutaten gut vermischen.

3. Das Fleisch waschen, trockentupfen und in die Marinade legen. Die Schüssel mit Folie abdecken, in den Kühlschrank stellen und das Fleisch 2 Tage im Kühlschrank marinieren, dabei mehrmals wenden.

4. Das Fleisch aus der Marinade nehmen, gut trockentupfen und salzen. Dann das Gemüse und die Gewürze absieben, die Marinade dabei auffangen.

5. Das Fleisch kräftig in Öl anbraten. Das Gemüse und die Gewürze dazugeben und ebenfalls anbraten. Dann mit 125 bis 250 ml Marinade ablöschen und die Brühe dazugeben. Das Brot klein schneiden, dazugeben und den Bräter schließen.

6. Den Braten für ungefähr 2 $1/2$ Stunden im geschlossenen Bräter bei 170 °C schmoren lassen.

7. Den Braten herausnehmen und zur Seite legen. Dann die Zimtstange, die Thymianzweige und die Lorbeerblätter ebenfalls aus dem Bratenfond herausnehmen.

8. Die Sahne in die Sauce geben und alles zusammen mit dem Pürierstab aufmixen. Die Sauce mit Salz und Pfeffer abschmecken.

Rosmarinmarinade für Fleisch

Ausreichend für ca. 500 g Fleisch

2 große Knoblauchzehen
15 schwarze Pfefferkörner
1 Lorbeerblatt
5 Zweige frischer Rosmarin
2 Zweige Blattpetersilie
4 El Olivenöl
1 kräftige Prise edelsüßes Paprikapulver
1 kräftige Prise gemahlener Koriander
1/4 Tl Jodsalz

1. Den Knoblauch schälen und in dünne Scheiben schneiden. Den Pfeffer in einem Mörser leicht zerstoßen. Das Lorbeerblatt in Stücke brechen.

2. Die Kräuterzweige kalt abspülen und gut trockentupfen. Den Rosmarin in einen sauberen Gefrierbeutel legen und mit einem Wellholz darüber rollen.

3. Öl, Pfeffer, Lorbeer, Paprikapulver, Koriander und Salz gut miteinander verrühren. Die Petersilienblättchen abzupfen und zusammen mit dem Knoblauch hinzufügen.

4. Das Fleisch rundherum mit Marinade einpinseln und in den Gefrierbeutel legen. Die Rosmarinzweige darauf verteilen und die restliche Marinade dazugießen.

5. Die Luft herausdrücken und den Beutel gut verschließen. Das Fleisch im Kühlschrank etwa 24 Stunden marinieren lassen.

6. Danach Rosmarin, Petersilie und Knoblauch entfernen. Das Fleisch grillen, braten oder schmoren.

Zum Marinieren von

- *Lammfleisch, Filet, Rücken oder Koteletts sind am besten geeignet. Wer eine Lammkeule marinieren möchte, benötigt etwa die dreifache Menge der Marinade.*
- *Schweinefleisch, am besten Filet, Braten oder Koteletts.*
- *Wildfleisch. Bevorzugt Filet, Medaillons oder Steaks oder Hasenkeulen.*
- *Wer einen Rehrücken, eine Rehkeule oder einen Wildschweinbraten marinieren möchte, benötigt die dreifache Menge der Marinade.*

Rosmarin besitzt ein intensives Aroma und gibt traditionell Lammfleischgerichten seinen typischen Geschmack.

Thymianmarinade für Fleisch

Ausreichend für ca. 500 g Fleisch

6 weiße Pfefferkörner
2 Tl Aceto balsamico
einige Tropfen Ahornsirup
einige Spritzer Worcestersauce
3 El Olivenöl
15 lange Thymianzweige

1. Die Pfefferkörner in einem Mörser zerstoßen. Pfeffer, Essig, Sirup, Worcestersauce und Öl miteinander verrühren.

2. Den Thymian kalt abspülen und gut trockentupfen, in einen Gefrierbeutel legen und mit einem Wellholz darüber rollen.

3. Das Fleisch mit der Marinade bestreichen und den Thymian darauf verteilen.

4. Alles in den Gefrierbeutel legen, die restliche Marinade dazugießen.

5. Die Luft herausdrücken und den Beutel gut verschließen. Das Fleisch im Kühlschrank etwa 24 Stunden marinieren lassen.

6. Danach den Thymian entfernen. Das Fleisch salzen und braten oder schmoren.

Zum Marinieren von
- *Kalbfleisch, Filet oder Bratenstücke.*
- *Schweinefleisch, vorzugsweise Filet sowie Schnitzelstück.*

Das pikante Aroma des Thymians bereichert viele Gerichte und passt zu fast allen Fleischsorten.

TIPP

Als Beilage zu in Salbei-Sesam mariniertem Fleisch passen ein einfaches Risotto oder Nudeln. Servieren Sie einen trockenen Rotwein dazu.

Salbei-Sesam-Marinade für Fleisch

Ausreichend für ca. 500 g Fleisch

1 El Sesamsamen
1 El Sherry
einige Spritzer grüne Tabascosauce
1 kräftige Prise edelsüßes Paprikapulver
reichlich frisch gemahlener schwarzer Pfeffer
2 El Sesamöl
20 große Salbeiblätter

1. Den Sesamsamen in einem Mörser zerstoßen und zusammen mit Sherry, Tabasco, Paprikapulver, Pfeffer und Öl verrühren.

2. Die Salbeiblätter abspülen, trockentupfen, nebeneinander in einen Gefrierbeutel legen und mit einem Wellholz kräftig darüber rollen.

3. Das Fleisch mit Marinade bestreichen und die Salbeiblätter gleichmäßig darauf verteilen.

4. Alles in den Gefrierbeutel legen und die restliche Marinade dazugießen. Die Luft herausdrücken und den Beutel gut verschließen.

5. Das Fleisch im Kühlschrank etwa 24 Stunden marinieren lassen.

6. Danach den Salbei entfernen. Das Fleisch salzen und braten oder schmoren.

Zum Marinieren von
- *Schweinefleisch, ein Filet oder ein Schnitzelstück eignet sich am besten.*
- *Kalbfleisch, Filet oder Braten.*
- *Lammfilet oder Lammkoteletts.*

Gewürzmarinade für Wild

Ausreichend für ca. 1 kg Fleisch

1/2 El schwarze Pfefferkörner
6 Wacholderbeeren
4 große Zweige Thymian
4-5 El Öl
1 El Cognac

1. Die Pfefferkörner und die Wacholderbeeren im Mörser zerstoßen.

2. Den Thymian kalt abspülen, trockentupfen und die Blättchen abzupfen.

3. Alle Zutaten verrühren. Das Fleisch mit der Marinade gut einreiben.

4. Das Fleisch in einen Gefrierbeutel geben, die restliche Marinade zufügen und den Beutel gut verschließen, dabei die Luft aus dem Beutel streichen.

5. Das eingelegte Fleisch über Nacht im Kühlschrank marinieren lassen.

6. Das Fleisch herausnehmen, salzen und braten oder grillen.

Zum Marinieren von
- *Rehfleisch, Keule oder Rücken.*
- *Wildschweinfleisch, Keule, Rücken oder Steaks.*
- *Hasenfleisch, Rücken oder Keule.*

Ananasmarinade für Fleisch

Ausreichend für ca. 600 g Fleisch

1/2 kleine Ananas (ca. 300 g Fruchtfleisch)
2 große Knoblauchzehen
1 El Senfpulver
1 Tl Kümmelsamen
frisch gemahlener schwarzer Pfeffer
2 Frühlingszwiebeln

1. Die Ananas schälen, den Strunk herausschneiden und das Fruchtfleisch in große Stücke schneiden.

2. Die Knoblauchzehen schälen und grob hacken.

3. Die Ananas zusammen mit dem Knoblauch im Mixer pürieren.

4. Das Püree mit dem Senfpulver, dem Kümmel und reichlich frisch gemahlenen Pfeffer verrühren.

5. Die Frühlingszwiebeln putzen, in feine Stücke schneiden und mit dem Ananaspüree mischen.

6. Das Fleisch in einen Gefrierbeutel legen. Die Marinade gleichmäßig auf dem Fleisch verteilen.

7. Den Gefrierbeutel schließen, dabei die Luft aus dem Beutel streichen.

8. Das Fleisch etwa 1 Tag im Kühlschrank marinieren.

9. Das Fleisch herausnehmen, die Marinade abstreifen und das Fleisch braten.

Zum Marineren von
- *Schweinefleisch. Es eignen sich Bratenstücke, Koteletts oder Geschnetzeltes.*

TIPP

Die Ananasmarinade lässt sich auch als pikante Füllung für Rouladen verwenden. Dazu ein wenig von der Marinade in dünne Schweineschnitzel einrollen. Die Rouladen vor dem Braten etwa 1 bis 2 Stunden durchziehen lassen.

Carpaccio mit rosa Pfeffer

Für 4 Portionen

2 Tl rosa Pfefferkörner
4 El kalt gepresstes Öl
2 El sehr milder Essig (z. B. Apfelessig, Balsamico bianco)
200 g Rinderfilet, in feinen Scheiben
Jodsalz oder Meersalz
etwa 50 g Parmesan

TIPP

Das Fleisch für das Carpaccio am besten gleich beim Metzger in hauchdünne Scheiben schneiden lassen. Will man das Fleisch selbst schneiden, muss man es anfrieren und dann auf einer speziellen Aufschnittmaschine in sehr feine Scheiben schneiden.

1. Die Pfefferkörner in einem Mörser grob zerstoßen.

2. Öl und Essig gut verquirlen und die Teller für das Carpaccio damit bepinseln.

3. Das Carpaccio darauf anrichten, mit der Öl-Essig-Marinade bepinseln und mit Pfeffer und etwas Salz bestreuen.

4. Das Carpaccio ungefähr 15 Minuten marinieren lassen. Dann den Parmesan darüber hobeln.

Jogurt-Koriander-Marinade für Fleisch

Ausreichend für ca. 500 g Fleisch

Saft von 1 Limette
150 g fettarmer Jogurt
3 El süße Sahne
frisch gemahlener Pfeffer
1/2 Tl frisch gemahlener Koriander
5 Kardamomkapseln
3 getrocknete kleine Chilischoten
1/2 Zwiebel
2 Tl fein gehacktes Koriandergrün

1. Den frisch gepressten Limettensaft, den Jogurt und die Sahne verrühren und mit Pfeffer (ca. 10 Umdrehungen der Mühle) und Koriander würzen.

2. Die Kardamomkapseln und die Chilischoten im Mörser sorgfältig verreiben und anschließend in die Marinade geben.

3. Die Zwiebel schälen, vierteln und in feine Scheiben schneiden, dann zusammen mit dem Koriandergrün in die Marinade geben und alles gut verrühren.

4. Das Fleisch etwa 24 Stunden im Kühlschrank marinieren lassen.

5. Das Fleisch herausnehmen, die Marinade abtropfen lassen, anschließend das Fleisch braten.

Zum Marinieren von
- *Lammfleisch, Gulasch, Geschnetzeltem oder Koteletts.*
- *Schweinefleisch, Gulasch oder Geschnetzeltem.*

Knoblauch-Petersilien-Marinade für Kaninchen

Ausreichend für 1 Kaninchen (ca. 1,5 kg)

10 schwarze Pfefferkörner
12 große Knoblauchzehen
50 g Blattpetersilie
1/2 Tl Jodsalz
1/4 Tl gemahlener Koriander
1/4 Tl edelsüßes Paprikapulver
200 ml Olivenöl

1. Die Pfefferkörner in einem Mörser möglichst fein zerreiben. Anschließend den Knoblauch schälen und im Mixer fein hacken.

2. Die Petersilie kalt abspülen, trockenschleudern, von harten Stielen befreien und zum Knoblauch in den Mixer geben.

3. Alles nochmals hacken. Den Pfeffer hinzufügen. Dann das Öl in einem feinen Strahl darunter mixen.

4. Etwas Marinade in einen sauberen Gefrierbeutel geben. Das vorbereitete Kaninchen darauf legen und mit der restlichen Marinade lückenlos bedecken.

5. Die Luft aus dem Beutel drücken und diesen gut verschließen. Das Fleisch im Kühlschrank etwa 24 Stunden marinieren lassen.

6. Danach das Kaninchen im Ofen schmoren.

Zum Marinieren von
- *Stall- oder Wildkaninchen.*
- *Hasen.*

TIPP

Frisch gemahlener oder zerriebener Koriander hat ein besseres Aroma als das fertige Pulver. Deshalb lohnt es sich, die Koriandersamen in eine Pfeffermühle zu geben und erst bei Bedarf frisch zu mahlen. Man kann die Samen natürlich auch in einem Mörser zerstoßen.

Orangenmarinade für Geflügel

Ausreichend für 2 Brustfilets (ca. 600 g Fleisch)

1 unbehandelte Orange
1 walnussgroßes Stück frischer Ingwer
1 Briefchen Safranfäden
2 El Orangenmarmelade
1 El flüssiger Honig
1 El Sherryessig

1. Die Orange heiß abwaschen und trockenreiben. Mit einem Zestenreißer dünne Streifen von der Schale abziehen. Anschließend die Frucht auspressen.

2. Den Ingwer schälen und in dünne Scheiben schneiden. Den Safran in einem Stück Butterbrotpapier fein zerreiben. Alle Zutaten gut miteinander verrühren.

3. Etwas Marinade in eine gut verschließbare Kunststoffdose geben. Die vorbereiteten Geflügelbrüste darauf legen und mit der restlichen Marinade bedecken.

4. Die Dose sorgfältig verschließen und das Fleisch über Nacht im Kühlschrank marinieren lassen.

5. Die Marinade abtropfen lassen, Ingwer und Orangenschale entfernen.

6. Die Brustfilets im Ofen grillen, dabei hin und wieder mit Marinade bepinseln.

Zum Marinieren von
- *Geflügel, am besten Brustfilets und andere Geflügelteile. Sollen ganze Tiere mariniert werden, ist mindestens ein doppeltes Rezept Marinade nötig.*
- *Ente harmoniert besonders gut mit der Marinade.*

Sherrymarinade für Geflügel

Ausreichend für ca. 500 g Geflügelfleisch

300 ml Sherry medium
3 El Sherry- oder Weißweinessig
1 El Sojasauce
frisch gemahlener Pfeffer
1 El Kreuzkümmelsamen
1 Knoblauchzehe

1. Den Sherry, den Essig und die Sojasauce verrühren. Reichlich Pfeffer dazugeben.

2. Den Kreuzkümmelsamen in einer trockenen Pfanne rösten. Anschließend im Mörser zerstoßen.

3. Die Knoblauchzehe schälen und in Scheiben schneiden. Alle Zutaten mischen.

4. Das Geflügelfleisch in die Marinade legen und 6 bis 8 Stunden marinieren lassen.

5. Das Fleisch herausnehmen und braten oder grillen.

Zum Marinieren von
- *Entenbrust.*
- *Putenfleisch, Brust und Keule. Auch Putengeschnetzeltes kann gut in diese Marinade eingelegt werden, es braucht aber lediglich 2 Stunden Marinierzeit.*

Kokos-Limetten-Marinade für Geflügel

Ausreichend für ca. 500 g Fleisch

Saft von 1 Limette
3 El ungesüßte Kokoscreme aus der Dose
1 El Sojasauce
1 Stängel Zitronengras
1 frische, scharfe, rote Peperoni
3 cm frischer Ingwer
2 große Blätter Thai-Basilikum (siehe Seite 35)

1. Den Limettensaft, die Kokoscreme und die Sojasauce verrühren.

2. Das Zitronengras in kleine Stücke schneiden und im Mörser zerreiben, sodass das Aroma besser austreten kann.

3. Die Peperoni waschen, halbieren und entkernen. Das Fruchtfleisch fein hacken.

4. Den Ingwer schälen und ebenfalls sehr fein hacken. Das Basilikum in feine Streifen schneiden.

5. Zitronengras, Peperoni, Ingwer und Basilikum mit der Kokosmasse verrühren.

6. Das Fleisch darin einlegen und im Kühlschrank mindestens 12 Stunden marinieren.

7. Das Fleisch aus der Marinade nehmen und in der Pfanne oder im Backofen braten.

Variation
Anstelle des Zitronengrases kann man auch die abgeriebene Schale einer unbehandelten Zitrone verwenden.

Zum Marinieren von
- *Hähnchenfleisch, am besten Brustfilet oder Hähnchenschenkel.*
- *Putenfleisch, vorzugsweise Schnitzel oder Putenbrust.*

TIPPS

Wenn das Geflügelfleisch im Backofen gegrillt wird, bleibt das Aroma der Minzmarinade gut erhalten.

Jogurt-Minz-Sauce (siehe Seite 105) oder Aprikosen-Minz-Chutney (siehe Seite 89) passen hervorragend zum marinierten Fleisch.

Minzmarinade für Geflügel

Ausreichend für ca. 500 g Fleisch

Saft von 1 milden rosafarbenen Grapefruit (ca. 200 ml)
1 Tl Sojasauce
1 kräftige Prise edelsüßes Paprikapulver
4 El gehackte Pfefferminzblätter
1 Tl getrockneter roter Pfeffer
1 Tl gelbe Senfsamen

1. Grapefruitsaft, Sojasauce, Paprikapulver und Pfefferminze gut miteinander verquirlen.

2. Pfefferkörner im Mörser grob zerstoßen. Senfsamen im Mörser leicht zerstoßen. Beides unter die Marinade rühren.

3. Einen Teil der Marinade in eine flache, gut verschließbare Kunststoffdose geben. Das Geflügelfleisch darauf legen und mit der restlichen Marinade gleichmäßig begießen.

4. Die Dose verschließen und das Ganze im Kühlschrank etwa 5 Stunden lang marinieren lassen.

5. Die Marinade abtropfen lassen und das Fleisch grillen oder braten.

Zum Marinieren von
- *Geflügelfleisch. Brustfilets, Schnitzel und Schenkel sind bestens geeignet.*

Scharfe Honigmarinade für Geschnetzeltes

Ausreichend für ca. 500 g Fleisch

1 walnussgroßes Stück frischer Ingwer
1 frische rote scharfe Peperoni (ca. 12 cm lang)
4 El flüssiger Honig
Saft von 1 Limette
einige Spritzer scharfe rote Tabascosauce
1/4 Tl gemahlener Koriander
1 kräftige Prise Salz

1. Den Ingwer schälen und in dünne feine Scheiben schneiden. Die Peperoni heiß abspülen, sorgfältig trockenreiben und in schmale Ringe schneiden.

2. Honig, Limettensaft, Tabasco, Koriander und Salz gut miteinander verrühren. Ingwer und Peperoni hinzufügen.

3. Das Geschnetzelte mit Küchenpapier trockentupfen und mit der Marinade mischen. Alles in eine Kunststoffdose geben und diese gut verschließen.

4. Das Fleisch im Kühlschrank etwa 5 Stunden marinieren lassen.

5. Anschließend die Marinade abgießen und alle Ingwerscheiben sowie Peperoniringe vom Fleisch entfernen.

6. Das Geschnetzelte in einer Pfanne braten.

Variation
Wer es mag und wem es bekommt, kann noch 1 Esslöffel fein gehacktes Koriandergrün unter die Marinade rühren.

Zum Marinieren von
- *Geflügelgeschnetzeltem.*
- *Schweinegeschnetzeltem.*
- *Fischgulasch.*

Scharfe Tomatenmarinade für Geflügel

Ausreichend für ca. 500 g Fleisch

2 Tl Sambal oelek
1 El Tomatenketchup (siehe Rezept S. 84)
2 El Weißweinessig
3 El Pflanzenöl
1 Knoblauchzehe
1 gehäufter Tl Kreuzkümmelsamen
1 Tl Sichuan-Pfeffer

1. Sambal oelek, Tomatenketchup, Essig und Öl verrühren.

2. Den Knoblauch schälen, fein hacken. Kreuzkümmel und Sichuan-Pfeffer im Mörser grob zerstoßen.

3. Knoblauch und Gewürze zu den restlichen Zutaten geben und alles gut mischen.

4. Die Marinade auf das Fleisch pinseln und es im Kühlschrank etwa 12 Stunden durchziehen lassen.

5. Das Fleisch in der Pfanne oder im Backofen braten.

Zum Marinieren von
- *Hähnchenfleisch, zum Beispiel Hähnchenschenkel oder Brustfilets.*
- *Putenfleisch, Keule oder Schnitzel.*

Der rotbraune Sichuan-Pfeffer ist ein chinesisches Gewürz. Es handelt sich um die getrockneten Beeren eines Strauches, die wie Blütenknospen aussehen und sehr aromatisch sind. Der Sichuan-Pfeffer kann durch schwarzen Pfeffer ersetzt werden.

Curry, Ingwer und Orange verleihen Ihrem Grillgut einen Hauch von Exotik.

Currymarinade für Grillfleisch

Ausreichend für ca. 600 g Fleisch

- *250 ml Öl*
- *6 Tl scharfes Currypulver*
- *1 Tl Senfpulver*
- *1 Prise Jodsalz*
- *4 cm frischer Ingwer*
- *2 Knoblauchzehen*
- *1 unbehandelte Orange*
- *2 El Sojasauce*

1. Das Öl, das Curry- und das Senfpulver sowie das Jodsalz gut verrühren.

2. Den Ingwer und die Knoblauchzehen schälen und sehr fein hacken.

3. Mit einem Zestenreißer etwa 4 Teelöffel Schale von der Orange abziehen oder die Orangenschale dünn abreiben.

4. Ingwer, Knoblauch, Orangenschale und Knoblauch unter das gewürzte Öl rühren.

5. Das Grillfleisch in die Marinade legen und im Kühlschrank etwa 24 Stunden marinieren.

6. Das Fleisch herausnehmen, die Marinade leicht abtropfen lassen und das Fleisch grillen.

Zum Marinieren von
- *Schweinefleisch, Koteletts, Schnitzel oder Rippchen.*
- *Hähnchenfleisch, Schenkel oder Geflügelspieße.*
- *Lammkoteletts oder Lammspieße.*

Rotweinmarinade für Grillfleisch

Ausreichend für ca. 500 g Fleisch

4 kleine frische Chilischoten
100 ml Rotwein
250 ml Olivenöl
16 Pimentkörner
2 Knoblauchzehen
4 kleine Lorbeerblätter
1 Prise Jodsalz
einige Spritzer Tabasco

1. Die Chilischoten waschen, halbieren und das Kerngehäuse entfernen. Das Fruchtfleisch fein hacken und mit dem Rotwein und dem Öl mischen.

2. Die Pimentkörner im Mörser zerstoßen. Den Knoblauch schälen und fein hacken.

3. Den Piment, den Knoblauch und die Lorbeerblätter zu den restlichen Zutaten geben. Die Marinade salzen und mit Tabasco würzen.

4. Das Grillfleisch in die Marinade legen und im Kühlschrank etwa 24 Stunden marinieren lassen.

5. Das Fleisch herausnehmen, abtropfen lassen und grillen.

Zum Marinieren von
- *Grillfleisch, alle Sorten.*

Pfeffermarinade für Grillfleisch

Ausreichend für 4 Stück Fleisch

1 El eingelegter grüner Pfeffer
1 El eingelegter roter Pfeffer
4 Knoblauchzehen
1 El grüne Tabascosauce
200 ml Olivenöl

1. Den Pfeffer nicht zu fein hacken. Den Knoblauch schälen und durch eine Knoblauchpresse drücken.

2. Pfeffer, Knoblauch und Tabasco in einer kleinen Schale mischen und das Ganze unter das Öl rühren.

3. Etwas Marinade in eine gut verschließbare Kunststoffdose füllen, die vorbereiteten Fleischstücke darauf legen und mit der restlichen Marinade bedecken.

4. Die Dose gut verschließen und das Fleisch über Nacht, mindestens aber 12 Stunden, im Kühlschrank marinieren lassen.

5. Die Marinade abtropfen lassen und das Fleisch auf den Grillrost geben.

Zum Marinieren von
- *Rindersteaks.*
- *Lammkoteletts.*
- *Schweinenackensteaks oder Schweinekoteletts.*

TIPP

Zu Grillfleisch, gleich welche Sorte, passen alle Chutneys und Relishes aus dem nächsten Kapitel.

Senfmarinade für Grillfleisch

Ausreichend für ca. 600 g Fleisch

- *je 2 Tl frisch gehackter Thymian und Rosmarin*
- *4 El grobkörniger mittelscharfer Senf*
- *2 El Weißweinessig*
- *1 Prise Jodsalz*
- *1 Prise frisch gemahlener schwarzer Pfeffer*

1. Den Thymian und den Rosmarin mit dem Senf verrühren.

2. Den Weißweinessig darunter rühren und dann die Marinade mit Salz und Pfeffer abschmecken.

3. Das Fleisch mit der Marinade von beiden Seiten dick einstreichen und das Fleisch im Kühlschrank ungefähr 24 Stunden marinieren.

4. Das Fleisch herausnehmen und grillen.

Variation

Ersetzen Sie für eine Senf-Knoblauch-Marinade die Kräuter durch 2 Knoblauchzehen.

Zum Marinieren von

- *Schweinefleisch, Koteletts oder Schnitzelstücke.*
- *Lammfleisch, Koteletts oder Scheiben von der Haxe.*

Karibische Grillmarinade

Ausreichend für ca. 500 g Fleisch

- *2 El brauner Zucker*
- *150 ml Limettensaft (von 2 Limetten)*
- *100 ml Öl*
- *4 El weißer Rum*
- *15 Pimentkörner*
- *4 Knoblauchzehen*
- *2 große frische scharfe Peperonischoten*
- *1 Prise Jodsalz*

1. Den Zucker, den Limettensaft, das Öl und den Rum verrühren.

2. Die Pimentkörner im Mörser zerstoßen und dazugeben. Die Knoblauchzehen schälen und fein hacken.

3. Die Peperonischoten waschen, halbieren und das Kerngehäuse entfernen. Das Fruchtfleisch fein hacken.

4. Knoblauch, Peperoni und Salz zu den restlichen Zutaten geben und alles gut verrühren.

5. Das Fleisch in die Marinade legen und im Kühlschrank etwa 24 Stunden durchziehen lassen.

6. Das Fleisch herausnehmen und grillen.

Zum Marinieren von

• Hähnchenfleisch, am besten Schenkel, Geflügelbrust oder Spieße mit Brustfleisch.

• Schweinekoteletts.

Erdnussmarinade für Grillspieße

Ausreichend für 4 Spieße

100 ml Erdnussöl
5 El feines Erdnussmus
1 Tl grüne Tabascosauce
1 kräftige Prise Cayennepfeffer
1/8 Tl edelsüßes Paprikapulver
1/8 Tl gemahlener schwarzer Pfeffer
1/4 Tl Jodsalz

1. Das Öl zusammen mit den übrigen Zutaten sorgfältig verrühren.

2. Die vorbereiteten Spieße mit der Marinade bepinseln, in eine Kunststoffdose legen und mit der restlichen Marinade beträufeln.

3. Die Dose gut verschließen und das Ganze mindestens 12 Stunden im Kühlschrank marinieren lassen. Währenddessen die Spieße öfter einmal wenden.

4. Die Spieße anschließend nicht zu dicht auf den Rost legen, grillen und gegen Ende der Garzeit nochmals mit etwas Marinade bepinseln.

Variation

Wer mag, kann das Paprikapulver auch durch Currypulver ersetzen.

Zum Marinieren von

• Geflügel-Gemüse-Spießen. Mit Geflügel harmoniert die Marinade am besten. Als Gemüsesorten kommen vor allem Paprikaschoten und rote Zwiebeln in Frage.

• Schweinefleischspießen.

• Fischspießen.

TIPP

Die Haut auf den Geflügelschenkeln vor dem Marinieren mehrmals einstechen. So kann die Marinade besser ins Fleisch eindringen.

Minz-Jogurt-Marinade für Grillfleisch

Ausreichend für 4 Stück Fleisch

3/4 Tl Fenchelsamen
1/2 Tl Kreuzkümmelsamen
300 g Naturjogurt
Saft von 1/2 Limette
1/2 Tl grüne Tabascosauce
3 El fein gehackte Pfefferminze
Jodsalz
frisch gemahlener schwarzer Pfeffer

1. Fenchel und Kümmel in einem Mörser fein zerstoßen und zusammen mit Jogurt, Limettensaft, Tabasco und Minze verrühren. Kräftig mit Salz und Pfeffer abschmecken.

2. Etwas Marinade in eine gut verschließbare Kunststoffdose geben, die vorbereiteten Fleischstücke darauf legen und mit der restlichen Marinade bedecken.

3. Die Dose verschließen und alles über Nacht im Kühlschrank marinieren lassen.

4. Die Marinade abtropfen lassen und das Fleisch grillen.

Zum Marinieren von
- *Schweinesteaks oder Schweinekoteletts.*
- *Geflügelbrustfilets oder Hähnchenschenkeln.*
- *Lammkoteletts.*
- *Fleischspießen.*

Maracujamarinade für Grillgeflügel

Ausreichend für 4 kleine Hähnchenschenkel

1 frische, rote, scharfe Peperoni (ca. 12 cm lang)
200 ml Erdnussöl
Saft von 1/2 Limette
4 El Maracujafruchtaufstrich
1 TL scharfe rote Tabascosauce
1/2 Tl Jodsalz

1. Die Peperoni heiß abwaschen, trockenreiben, entkernen und fein hacken. Alle Zutaten gut miteinander verrühren (Handrührgerät).

2. Etwa die Hälfte der Marinade in einen sauberen Gefrierbeutel geben. Dann die vorbereiteten Hähnchenschenkel – die Haut mehrmals einstechen – hineinlegen und mit der restlichen Marinade übergießen.

3. Die Luft aus dem Beutel drücken und diesen gut verschließen. Das Ganze über Nacht im Kühlschrank marinieren lassen.

4. Die Marinade abtropfen lassen und die Schenkel grillen.

Zum Marinieren von
- *Geflügel. Besonders eignen sich Brustfilets und Schenkel, aber auch Geflügelspieße.*

Keine Grillparty ohne die beliebten Spareribs. Allerdings dürfen diese nicht in der Barbecuemarinade eingelegt werden. Die Marinade verbrennt beim Grillen sehr schnell und die Spareribs werden schwarz.

Barbecuemarinade für Spareribs

Ausreichend für ca. 1 kg Fleisch

1 Knoblauchzehe
2 gehäufte El Tomatenmark
1 El Tomatenketchup
2 El Öl
1 El Orangenmarmelade
1 El Rotweinessig
1 Tl Worcestersauce
1/2 Tl Sambal oelek
1/2 Tl Senfpulver

1. Die Knoblauchzehe schälen und fein zerreiben oder durch eine Presse drücken.

2. Den Knoblauch zusammen mit den restlichen Zutaten zu einer glatten Sauce verrühren.

3. Die Spareribs grillen, bis sie fast gar sind. Während der restlichen Grillzeit mehrmals großzügig mit der Marinade bestreichen.

Zum Marinieren von
- *Spareribs (Rippen vom Schwein).*
- *Schweinekoteletts und Schaschlikspieße.*
- *Geflügelfleisch, beispielsweise Hähnchenbrust und Hähnchenkeule.*

TIPP

Die Gemüsespieße sollten nicht zu lange in der Marinade liegen. Je nach Gemüsesorte nehmen sie zu viel Öl auf.

Ölmarinade für Grillgemüse

Ausreichend für 4 Gemüsespieße

1 großes Bund Blattpetersilie
1 El getrockneter roter Pfeffer
1 El fein geriebene Zwiebel
1 Tl Jodsalz
300 ml Olivenöl

1. Die Petersilie kalt abspülen, gut trockenschleudern, von harten Stielen befreien und fein hacken. Den Pfeffer in einem Mörser grob zerstoßen.

2. Alle Zutaten miteinander verrühren. Die Marinade in eine verschließbare Kunststoffdose geben. Die vorbereiteten Gemüsespieße hineinlegen und darin wenden.

3. Die Dose verschließen und das Ganze im Kühlschrank etwa 2 Stunden marinieren lassen.

4. Die Spieße anschließend abtropfen lassen und grillen. Dabei je nach Gemüsesorte eine Aluschale verwenden.

Zum Marinieren von

- *Gemüse aller Art. Es ist allerdings wichtig, Gemüsesorten zu kombinieren, die in etwa die gleiche Garzeit benötigen. So passen zum Beispiel feste Zucchini und Paprikaschoten, Zwiebeln und Paprikaschoten, Champignons und Cocktailtomaten oder reife Zucchini und feste Champignons bestens zusammen.*
- *Pilzen, zum Beispiel Champignons, Austern- oder Shiitakepilze.*

Beize für Fisch

Ausreichend für etwa 1 kg Fischfilet mit Haut

- *80 g ganz frischer Dill*
- *50 g Meersalz*
- *145 g Zucker*
- *2 Tl grob gemahlener schwarzer Pfeffer*
- *1 Tl grob gemahlener bunter Pfeffer*

1. Etwa 50 g Dill kalt abspülen, gut trockentupfen und fein hacken. Salz, Zucker, Pfeffer und Dill gut mischen.

2. Den vorbereiteten Fisch auf ein entsprechend großes Stück Alufolie legen. Die Dillmasse auf der Fleischseite verteilen und gut andrücken.

3. Den Fisch ganz fest in die Folie einwickeln und in eine flache Kunststoffdose oder Glasschüssel legen.

4. Den Fisch im Kühlschrank 12 bis 15 Stunden marinieren lassen. Währenddessen mehrmals wenden.

5. Den Fisch aus der Folie nehmen, die Marinade abstreifen, das Filet kurz kalt abspülen und gut trockentupfen.

6. Den restlichen Dill kalt abspülen und fein hacken. Den bunten Pfeffer und den Dill gleichmäßig auf der Fleischseite des Filets verteilen.

7. Vom Filet hauchdünne Scheiben abschneiden und auf den Tellern anrichten. Den gesamten Fisch gleich verzehren.

Zum Marinieren von
- *Lachs.*
- *Lachsforellen.*
- *Seeforellen.*
- *großen Makrelen.*
- *großen Regenbogenforellen.*

Grundsätzlich eignen sich große, dünne Filets von fettreichen Fischen mit festem Fleisch.

TIPPS

Für die Fischbeize empfiehlt sich ein Filet vom Schwanzstück. Das flache Stück Fleisch zieht besser durch und ist nicht so fettreich. Es sollte frei von Gräten sein, seine Haut aber noch besitzen. Nur so lassen sich später hauchdünne Scheiben schneiden.

Für die Beize kann auch Tiefkühl-Dill genommen werden. Zum späteren Bestreuen auf jeden Fall frischen Dill verwenden.

Weitere wichtige Hinweise zum Beizen von Fisch siehe Seite 44 bis 45.

TIPPS

Sehr gut schmeckt das Carpaccio, wenn man zum Schluss frische Rettich- oder Radieschensprossen oder sehr fein gehobelten Meerrettich darüber streut.

Wichtig ist es, den Essig gleichmäßig über den Fisch zu träufeln. Wer gerne Carpaccio isst, sollte sich einen Essigzerstäuber besorgen. Mit diesem wird der Essig in hauchfeinen Tröpfchen ganz gleichmäßig verteilt.

Fischcarpaccio

Für 4 Portionen

250 g fangfrisches Fischfilet, z. B. Lachs
4 El Limettensaft
4 El Olivenöl
gemahlenes Meersalz
frisch gemahlener Pfeffer

1. Das Fischfilet für etwa 20 Minuten ins Tiefkühlfach legen. Es dann herausnehmen und quer in sehr dünne Scheiben schneiden.

2. Vier Teller mit etwas Limettensaft und Olivenöl bepinseln. Die Fischscheiben darauf anrichten.

3. Den Fisch mit Salz und Pfeffer kräftig würzen.

4. Das restliche Olivenöl und den restlichen Limettensaft darüber träufeln und den Fisch etwa 10 Minuten marinieren lassen.

5. Das Carpaccio gut gekühlt servieren.

Variation
Anstelle des Limettensaftes kann man auch einen guten Weißweinessig nehmen.

Zum Marinieren von
- *Lachsfilet.*
- *Brassenfilet.*
- *Thunfischfilet.*

Scharfe Fischmarinade

Ausreichend für ca. 700 g Fischfilet

2 frische Lorbeerblätter
4 kleine getrocknete Chilischoten
1 Knoblauchzehe
Meersalz
frisch gemahlener Pfeffer
Saft von 2 Limetten

1. Die Lorbeerblätter waschen und in Streifen schneiden. Die Chilischoten mit den Händen zerbröseln oder im Mörser zerreiben. Die Knoblauchzehe schälen und fein hacken.

2. Lorbeerblätter, Chilischoten, Knoblauch, etwas Salz und Pfeffer zum Limettensaft geben.

3. Das vorbereitete Fischfilet in die Marinade legen und 1 bis 2 Stunden im Kühlschrank marinieren lassen. Dabei den Fisch mehrmals wenden.

4. Den Fisch herausnehmen, die Marinade mit Wasser verdünnen und den Fisch darüber dämpfen oder in einem Sud gar ziehen lassen.

Zum Marinieren von
- *Lachskoteletts.*
- *festfleischigem Fischfilet, wie Kabeljau oder Rotbarsch.*

Kräutermarinade für Fisch

Ausreichend für 4 Fischkoteletts oder Filets

- *1 unbehandelte Orange*
- *2 El Knoblauchöl (siehe Seite 32)*
- *1 El fein gehackter Dill*
- *1 El fein gehackte Zitronenmelisse*
- *1 El fein gehackte Blattpetersilie*
- *1 Tl gehackter frischer Rosmarin*
- *1 Tl fein gehackte Pfefferminzblätter*
- *1/4 Tl Jodsalz*
- *reichlich frisch gemahlener schwarzer Pfeffer*
- *1 Prise Cayennepfeffer*

1. Die Orange heiß abwaschen und gut trockenreiben. Mit einem Zestenreißer dünne Streifen von der Schale abziehen. Anschließend die Frucht auspressen.

2. Saft, Schalenstreifen, Öl, Kräuter, Salz und Gewürze gut miteinander verrühren.

3. Etwa die Hälfte der Marinade in eine gut verschließbare Kunststoffdose füllen. Die jeweiligen Fischstücke darauf legen und mit der restlichen Marinade gleichmäßig bedecken.

4. Anschließend die Dose gut verschließen und das Ganze im Kühlschrank über Nacht marinieren lassen.

5. Vor der Zubereitung die Marinade abtropfen lassen und den Fisch grillen oder in einer Pfanne braten.

Zum Marinieren von
- *Fischfilets und von Fischkoteletts.*

Am besten eignen sich Lachs, Kabeljau, Lachsforelle, Thunfisch, Seelachs, Hecht oder Waller.

TIPP

Als Beilage zum „Kräuterfisch" passen Reis oder Pellkartoffeln. Ein kräftiger, trockener Weißwein rundet das Menü ab.

TIPP

Die Fische müssen ganz mit der Marinade bedeckt sein. Da die benötigte Menge von der Form, in der die Fische mariniert werden, abhängt, kann es sein, dass noch etwas Wasser und Essig nachgegossen werden muss.

Brathering in Fenchelmarinade

Für 6 Heringe

- *6 grüne Heringe (ca. 900 g), küchenfertig*
- *etwas Jodsalz*
- *frisch gemahlener schwarzer Pfeffer*
- *etwa 1 Tl Senfpulver*
- *einige Zweige glatte Petersilie*
- *etwa 1 Tasse Mehl*
- *3 El Öl*

Für die Marinade:

- *1 Karotte*
- *1 rote Zwiebel*
- *1 Fenchelknolle*
- *1 Tl schwarze Pfefferkörner*
- *2 Tl Senfpulver*
- *2 Wacholderbeeren*
- *1/2 Tl Jodsalz*
- *400 ml Weißweinessig*

1. Die Heringe waschen und mit Küchenkrepp gut trockentupfen. Die Fische innen und außen nach Geschmack salzen, pfeffern und mit Senfpulver bestreuen.

2. Die Petersilie kalt abspülen und trockentupfen. Die Blätter von den Stielen zupfen und in die Fischbäuche stecken. Die Fische in Mehl wenden.

3. Das Öl erhitzen und die Fische darin bei mittlerer Hitzezufuhr auf jeder Seite etwa 5 Minuten braten. Sie sollten goldbraun und gar sein.

4. Die Fische aus der Pfanne herausnehmen, überflüssiges Öl abtropfen lassen und die Fische in eine flache Form legen.

5. Das Gemüse für die Marinade putzen und längs in streichholzgroße Streifen schneiden.

6. Gemüsestreifen, Gewürze, Salz und Essig in 500 ml Wasser geben und alles 10 Minuten leicht köcheln lassen.

7. Die Marinade über die Fische geben und ausreichend abkühlen lassen. Anschließend die Fische sorgfältig abdecken, in den Kühlschrank stellen und etwa 1 Tag marinieren lassen.

Eingelegte Pilze

Für 4 bis 6 Portionen

500 g ganz frische einwandfreie Pilze
8 Frühlingszwiebeln
1 l kräftige Gemüsebrühe
5 Knoblauchzehen
4 große Salbeiblätter
2 Lorbeerblätter
2 Tl gehackter frischer Rosmarin
2 El Thymianblättchen
1 El gehackte Blattpetersilie
1/2 Tl Jodsalz
1/4 Tl edelsüßes Paprikapulver
1/8 Tl frisch gemahlener schwarzer Pfeffer
600 ml kalt gepresstes Olivenöl

1. Pilze und Zwiebeln putzen, waschen und trockenreiben. Die Pilze je nach Größe halbieren oder in dicke Scheiben schneiden. Die Zwiebeln in etwa 5 cm lange Stücke schneiden.

2. Die Brühe zum Kochen bringen. Pilze und Zwiebeln kurz darin köcheln lassen. Die Pilze dürfen nicht zu weich werden.

3. Alles herausnehmen, auf einem sauberen Küchentuch verteilen und gut trockentupfen.

4. Den Knoblauch schälen und durchpressen. Den Salbei in feine Streifen schneiden. Lorbeerblätter zerkleinern. Alles zusammen mit den übrigen Kräutern und Gewürzen sowie dem Öl gut verrühren.

5. Etwas Marinade in eine gut verschließbare Kunststoffdose geben. Eine Lage Pilze und einige Zwiebelstücke darauf legen. Alles mit Marinade bedecken.

6. Auf diese Weise fortfahren, bis alle Zutaten verbraucht sind. Den Abschluss muss auf jeden Fall eine ausreichend hohe Schicht Marinade bilden.

7. Die Dose verschließen und die Pilze 2 Tage im Kühlschrank marinieren lassen.

8. Die fertigen Pilze sollten dann innerhalb von 2 Tagen aufgegessen sein.

Variation
Wer die eingelegten Pilze in einer etwas schärferen Version bevorzugt, kann 2 bis 3 getrocknete Chilischoten in die Marinade einbröseln.

Zum Marinieren von
- *Austernpilzen.*
- *Champignons, weiß oder braun.*
- *Steinpilzen.*
- *Maronen.*
- *Pfifferlingen.*
- *Shiitakepilzen.*

TIPP

Besondere Hinweise zum Einlegen von Pilzen siehe Seite 45 bis 46.

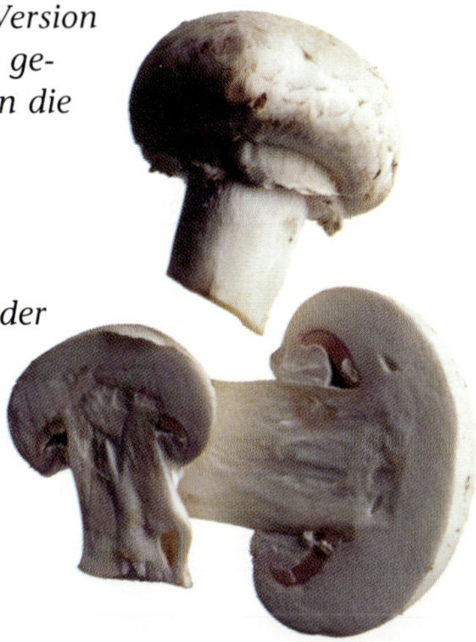

TIPPS

Das Gemüse muss vor dem Marinieren gegart werden (siehe Seite 45 bis 46).

Auberginen, Zucchini, Pilze werden gegrillt. Bei Paprikaschoten sollte die Schale abgezogen werden, damit sie feiner schmecken, (siehe Seite 40 bis 41).

Ist im Winter kein frischer Basilikum zur Hand, kann auch Basilikumöl (siehe Seite 32) verwendet werden.

Antipastigemüse in Öl

Für 6 bis 8 Portionen

500 g gemischtes Gemüse
1 Tl bunte Pfefferkörner
1 Frühlingszwiebel
15 - 20 große Blätter Basilikum
30 g Hartkäse, z. B. Parmesan, Manchego oder alter Gouda
4 getrocknete Tomaten
ca. 250 ml kalt gepresstes Olivenöl

1. Das Gemüse grillen oder garen (siehe Tipp).

2. Die Pfefferkörner im Mörser grob zerstoßen.

3. Die Frühlingszwiebel putzen und klein hacken. Die Basilikumblätter kalt abspülen, gut trockentupfen und fein hacken.

4. Den Käse in sehr feine kleine Stückchen hobeln oder raspeln.

5. Die Tomaten in feine Streifen schneiden.

6. Das Gemüse in ein Gefäß schichten, dabei jede Lage mit Pfeffer, Frühlingszwiebeln, Basilikum, Käse und Tomaten bestreuen.

7. Zum Schluss das Olivenöl vorsichtig darüber gießen. Das Gemüse muss vollständig damit bedeckt sein.

8. Das Gemüse vor dem Servieren mindestens 1 Tag durchziehen lassen. Hierzu an einen kühlen Ort stellen.

Zum Marinieren von
- *Auberginenscheiben.*
- *Zucchinischeiben.*
- *Paprikaschoten, in Streifen.*
- *Pilzen, in Streifen.*
- *Brokkoliröschen oder Romanescoröschen.*
- *Möhren, in Scheiben.*

Eingelegtes Gemüse

Für 10 bis 12 Portionen

1 kg gemischtes Gemüse
4 Knoblauchzehen
3 Lorbeerblätter
1 Bund Blattpetersilie
8 große Salbeiblätter
8 Zweige Majoran
16 Zweige Thymian
800 ml kalt gepresstes Olivenöl
Jodsalz
frisch gemahlener schwarzer Pfeffer
edelsüßes Paprikapulver
3 El Marsala (italienischer Süßwein)
100 ml Weißweinessig
1 Tl Fenchelsamen

1. Das Gemüse putzen, waschen, trockenreiben und in gut 1 cm dicke Scheiben oder Stücke schneiden.

2. Alles sortenweise bissfest dämpfen oder in reichlich

Salzwasser kochen. Das Gemüse in Eiswasser abschrecken (siehe Seite 46).

3. Alles auf einem sauberen Geschirrtuch ausbreiten und gut trockentupfen. Den Knoblauch schälen und vierteln. Die Lorbeerblätter in Stücke brechen.

4. Die Kräuter kalt abspülen, gut trockentupfen, von harten Stielen befreien, in einen sauberen Gefrierbeutel legen und mit einem Wellholz einmal kräftig darüber rollen.

5. Etwas Öl in ein gut verschließbares Gefäß geben. Eine erste Lage Gemüse darauf verteilen. Das Ganze salzen, pfeffern, mit Paprikapulver bestreuen, mit wenig Marsala und etwas Essig beträufeln.

6. Verschiedene Kräuter, etwas Knoblauch, Lorbeer und einige Fenchelsamen darauf verteilen und alles mit reichlich Öl bedecken. Nach diesem Prinzip verfahren, bis alles Gemüse eingeschichtet ist.

7. Zum Schluss muss auf jeden Fall eine ausreichend dicke Ölschicht folgen.

8. Das Gefäß verschließen und das Gemüse an einem kühlen Ort gut 1 Woche lang durchziehen lassen.

Zum Marinieren von

- *Gemüse, wie zum Beispiel Zucchini, Auberginen, Paprikaschoten, grüne Bohnen, Karotten, Bleichsellerie, Fenchel, Mangoldstielen, Brokkoli, zarte Lauchstangen, Lauchzwiebeln oder Pilzen.*

Wer mag, kann einige Lieblingsoliven mit einlegen.
Weitere Hinweise zum Einlegen von Gemüse siehe Seite 45 bis 46.

TIPPS

Für die Essigmarinade können Sie statt des Balsamico bianco auch einen dunklen Aceto balsamico verwenden. Allerdings werden die Marinade und das Gemüse dann ebenfalls dunkel.

Falls Sie einen normalen Weißweinessig verwenden, nehmen Sie entsprechend mehr Honig.

Achtung: Kochen Sie das Gemüse nicht zu weich. Es gart in der heißen Marinade nach und wird während des Marinierens außerdem noch etwas mürbe.

Essigmarinade für Gemüse

Ausreichend für ca. 500 g Gemüse

1 Zweig frischer Rosmarin
3 Salbeiblätter
4 Stängel Blattpetersilie
1 Zweig Estragon
400 ml Gemüsebrühe
200 ml Balsamico bianco (milder Weißweinessig)
1 Tl Honig
1/2 Tl Jodsalz
1 El gelbe Senfsamen
1 Tl Fenchelsamen
10 schwarze Pfefferkörner
1 große getrocknete Chilischote

1. Die Kräuter kalt abspülen und trockentupfen.

2. Brühe, Essig, Honig, Salz, Senfsamen, Fenchelsamen, Pfeffer und Chili in einen großen Topf geben und das Ganze aufkochen lassen.

3. Das vorbereitete Gemüse hineingeben und im Sud so lange köcheln lassen, bis es bissfest ist.

4. Das Ganze noch heiß in ein gut zu verschließendes Gefäß füllen. Die Kräuter dazugeben und das Gefäß verschließen.

5. Das Gemüse an einem kühlen Ort etwa 2 Tage marinieren lassen.

Zum Marinieren von

- *Gemüse wie Lauch, Zucchini, Kürbis, Gartengurken, Karotten, Champignons, Paprikaschoten, Wirsing, Kohlrabi, Blumenkohl, Brokkoli oder Silberzwiebeln.*

Marinierte weiße Bohnen

Für 6 Portionen

4 Tomaten
2 Schalotten
1 Knoblauchzehe
3 El kalt gepresstes Olivenöl
1 Prise Salz
frisch gemahlener Pfeffer
1 Tl mildes Paprikapulver
1 Bund Dill
100 ml Aceto balsamico
500 g gekochte weiße Bohnenkerne (trocken ca. 200 g)

1. Die Tomaten enthäuten (siehe Seite 40), entkernen und das Fruchtfleisch klein schneiden.

2. Die Schalotten und den Knoblauch schälen und fein hacken.

3. Das Olivenöl erhitzen, die Schalotten und den Knoblauch darin glasig dünsten. Die Tomatenstücke kurz mitdünsten.

4. Die Tomatensauce mit Salz, Pfeffer und Paprika-

pulver abschmecken und erkalten lassen.

5. Den Dill waschen, trockentupfen und fein hacken. Den Aceto balsamico und den Dill unter die Tomaten rühren.

6. Die Bohnen in die Marinade geben und etwa 3 Stunden marinieren lassen.

Zum Marinieren von
- *weißen Bohnen.*
- *Kidneybohnen.*
- *Kichererbsen.*

Orangen-Mandel-Marinade für Gemüse

Ausreichend für etwa 500 g gekochtes Gemüse

1/2 geschälte Zwiebel
Saft von 2 Orangen
frisch gemahlener schwarzer oder bunter Pfeffer
1 Prise Meersalz oder Jodsalz
1 Msp. mildes Paprikapulver
2 Tl Sherryessig oder Weißweinessig
4 El kalt gepresstes Olivenöl
12 Pfefferminzblätter
16 geschälte Mandeln
1 Prise Cayennepfeffer oder einige Spritzer Tabasco

1. Die Zwiebel vierteln und die Viertel quer in dünne Scheiben schneiden. Anschließend die Zwiebel in den Orangensaft geben und bei geringer Hitzezufuhr weich köcheln.

2. Zwiebel und Orangensaft abkühlen lassen.

3. Die Marinade kräftig mit Pfeffer würzen (ca. 10 Umdrehungen der Mühle). Paprikapulver, Essig und Olivenöl darunter rühren.

4. Die Minzblätter kalt abspülen, trockentupfen und quer in feine Streifen schneiden. Die Mandeln grob hacken.

5. Die Minzstreifen und die Mandeln in die Marinade geben. Die Marinade zum Schluss mit Cayennepfeffer oder Tabasco leicht scharf abschmecken.

6. Die Marinade über bissfest gekochtes Gemüse geben und dieses mindestens 12 Stunden im Kühlschrank durchziehen lassen.

7. Das Gemüse in der Marinade servieren, zuvor aber etwa 30 Minuten bei Zimmertemperatur stehen lassen.

Zum Marinieren von
- *Zucchini- und Karottenscheiben.*
- *Blumenkohlröschen.*
- *Kohlrabischeiben.*
- *Weiße Rübchen, in Scheiben.*
- *Geflügelfleisch.*

TIPP

Diese fruchtige Marinade harmoniert bestens mit in Scheiben geschnittener Hähnchenbrust.

TIPPS

Der Schafkäse sollte innerhalb der folgenden Woche verzehrt werden. Den eingelegten Ziegenkäse sollten Sie dagegen bereits innerhalb von 2 Tagen aufessen.
Besondere Hinweise zum Einlegen von Käse siehe Seite 46 bis 47.

Eingelegter Schafkäse

Für 8 Portionen

- *4 kleine rote Zwiebeln*
- *6 Knoblauchzehen*
- *4 große Zweige frischer Rosmarin*
- *4 Zweige Pfefferminze*
- *6 Zweige Thymian*
- *4 Zweige Majoran*
- *4 dicke Scheiben Schafkäse (à ca. 200 g) aus der Lake (Feta)*
- *2 El grüne Olivenringe aus dem Glas*
- *1 El eingelegter roter Pfeffer*
- *4 getrocknete rote Chilischoten*
- *bis zu 1 l Olivenöl*

1. Die Zwiebeln und die Knoblauchzehen schälen und halbieren. Die Kräuterzweige kalt abspülen, gut trockentupfen und in der Hand ein wenig knicken. Die Käsescheiben vierteln.

2. Alle Zutaten bunt gemischt in ein sauberes Bügelglas schichten. Das Öl darüber gießen. Alles soll gut bedeckt sein.

3. Das Glas verschließen und vorsichtig rütteln, damit eingeschlossene Luftblasen an die Oberfläche treten.

4. Den Käse etwa 1 Woche lang an einem kühlen Ort marinieren lassen. Während dieser Zeit gegebenenfalls etwas Öl nachgießen.

Zum Marinieren von
- *Fetakäse aus zumindest überwiegend Schafmilch.*
- *Fetakäse aus Kuhmilch.*
- *Kleinen, festen Frischkäsen aus reiner Schafmilch oder aus überwiegend Schafmilch.*

Eingelegter Ziegenkäse

Für 8 Portionen

- *2 frische rote Chilischoten oder frische scharfe Peperoni*
- *3 Knoblauchzehen*
- *20 Salbeiblätter*
- *4 feste Ziegencamembert (à ca. 125 g)*
- *1 1/2 El bunter Pfeffer*
- *1 El gelbe Senfsamen*
- *etwa 20 grüne Oliven, in Knoblauch eingelegt*
- *bis zu 1 l Sonnenblumenöl*

1. Die Chilis heiß abspülen, gut trockenreiben, der Länge nach halbieren und entkernen. Den Knoblauch schälen und halbieren.

2. Die Salbeiblätter kalt abspülen, gut trockentupfen und in der Hand ein wenig knicken. Die Camemberts vierteln.

3. Alle Zutaten bunt gemischt in ein Bügelglas schichten. Das Öl darüber gießen. Alles soll reichlich mit Öl bedeckt sein.

4. Das Glas verschließen und vorsichtig rütteln, damit eingeschlossene Luftblasen an die Oberfläche treten.

5. Den Käse etwa 5 Tage lang an einem kühlen Ort marinieren lassen. Während dieser Zeit gegebenenfalls etwas Öl nachgießen.

Zum Marinieren von
- *Ziegencamembert und allen anderen Weichkäsen aus Ziegenmilch.*
- *Ziegenfrischkäse. Kleine, fest gepresste Frischkäse oder dicke Scheiben der so genannten Ziegenrolle können genommen werden.*

Eingelegter Camembert

Für 8 Portionen

8 Kirschtomaten
5 Frühlingszwiebeln
10 Blätter Basilikum
4 Zweige Thymian
2 Zweige Bohnenkraut
1 Zweig Rosmarin
3 Zweige Blattpetersilie
1 Lorbeerblatt
4 feste Camembert (à ca. 125 g)

1. Die Tomaten waschen, trocknen und mit einem Messer über Kreuz leicht anritzen.

2. Die Frühlingszwiebeln unter kaltem Wasser waschen, gut trockenreiben und bis auf etwa 12 cm zurückschneiden.

3. Vom Grün etwa 2 Esslöffel feine Ringe abschneiden. Der verbleibende Rest der Zwiebeln mit einem scharfen Messer der Länge nach halbieren.

4. Die Kräuterzweige kalt abspülen, gut mit Küchenkrepp trockentupfen und in der Hand ein wenig knicken. Anschließend die Camemberts in Viertel schneiden.

5. Dann alle Zutaten bunt gemischt in ein Bügelglas schichten. Das Öl darüber gießen. Alles soll gut bedeckt sein.

6. Das Glas verschließen und vorsichtig rütteln, damit eventuell eingeschlossene Luftblasen an die Oberfläche treten können.

7. Den Käse etwa 5 Tage lang an einem kühlen Ort marinieren lassen. Den fertigen Käse möglichst gleich servieren und verzehren.

Zum Marinieren von
- *Camembert, Brie und allen anderen Weichkäsen nach Camembertart.*

Voraussetzung für alle verwendeten Käsesorten ist, dass die Käsemasse fest ist, damit der Käse in der Marinade nicht auseinanderfällt.

TIPP

Basilikum, Bohnenkraut, Thymian, Rosmarin und Lorbeer sind Bestandteile der bekannten Mischung Kräuter der Provençe. Sollten Sie die Kräuter nicht frisch zur Hand haben, können Sie etwa 3 Esslöffel eben dieser getrockneten Kräutermischung verwenden.

Würzige Saucen

Ein Fest für den Gaumen

Salsas, Dips und noch viel mehr

In diesem Kapitel geht es um kalte, würzige Saucen, die vor allem in der sommerlichen Grillzeit ihre Hochsaison haben. Man servierte sie bislang hauptsächlich zu Würstchen, Fleisch und Fisch. An der „Pommesbude“ traf man einfache Varianten wie Ketchup oder Currysauce, auf dem Fonduetisch feinere wie die Sauce Cumberland oder eine Senfsahne. Richtig in Mode sind die kalten Saucen jedoch erst, seit „Fingerfood“ nicht nur für Kinder gesellschaftlich erlaubt ist und man seine spielerische Seite entdeckte. Es wird gedippt! Gemüsesticks aus Möhren, Kohlrabi oder Gurken, Grissinistangen aus Italien, Teigtaschen aus Asien, besonders aber Chips aus Mais. Seit die Tex-Mex-Küche mit Taco-Shells oder Nachos Einzug bei uns gehalten hat, sind würzige, kalte Saucen zum kulinarischen Renner geworden. Diese Salsas (auf spanisch Sauce) sind oft feurig-scharf.

Neben unseren individuellen Saucenkreationen gibt es einige Klassiker, die Ihnen immer wieder begegnen, so auch in diesem Buch. Wir stellen sie Ihnen deshalb kurz vor:

Berühmte Salsas

Salsa mexicana

Eine Salsa mexicana besteht im Wesentlichen aus fein gehackten Chilischoten, Tomaten und Zwiebeln sowie Koriandergrün. Charakteristisch ist ihr höllisch scharfer Geschmack. In Mexiko steht eine scharfe Salsa zu jeder Mahlzeit auf dem Tisch.

TIPP

Salsa auf knusprig geröstetem Weißbrot – eine ideale Begleitung zum Aperitif.

Guacamole

Die Guacamole kommt ebenfalls aus Mexiko. Sie ist eine cremige, recht dicke Sauce aus Avocadopüree. Ihren scharfen und zugleich würzigen Geschmack verleihen ihr Chilischoten, Zwiebeln, Tomaten und Koriandergrün.

Salsa verde

Sie kommt aus Italien und ist eine der bekanntesten kalten Saucen. Obwohl eine Klassikerin, wird sie in den einzelnen Regionen des Landes unterschiedlich zubereitet. Auf jeden Fall gehören viel frische Petersilie und gutes Olivenöl hinein. Das gibt ihr den milden und zugleich sehr intensiven Geschmack.

Pesto – mehr als nur Nudelsauce

Pesto ist wohl einer der bekanntesten Bestandteile der italienischen Küche. Von Ligurien aus startete er einst seinen Siegeszug durch die Küchen der Welt. Er passt zu gekochtem Gemüse, gegrilltem Fleisch, Geflügel oder Fisch. Und für Nudelsalate gibt er ein prima Dressing ab. Mischen Sie die Nudeln noch warm mit dem Pesto, dann verteilt er sich besser.

Pesto
Mit viel frischem Basilikum und noch mehr bestem Olivenöl ist den Italienern eine Komposition gelungen, die unsere Geschmacksnerven auf ganz feine Art und Weise verwöhnt. Weitere Zutaten des Originals sind Pinienkerne, Parmesankäse, Knoblauch, Salz und Pfeffer. Alles wird in einem Mörser zu einer Paste zerrieben. Diese Zubereitung gibt der Sauce ihren Namen: sie kann mit gestoßen oder zerrieben übersetzt werden.

TIPP

Probieren Sie mal ein Chutney oder ein Relish zu Gegrilltem. Für die meisten Amerikaner ist ein gutes Relish zu gegrilltem Fleisch ein Muss.

Was macht eine klassische Grillsauce aus?

Auf diese Frage lässt sich keine einheitliche Antwort finden. Für den einen muss es eine Tomatensauce sein, sei sie nun mit viel Chili oder Pfeffer, viel Zwiebel oder vielen Kräutern abgeschmeckt. Das kommt dann eher in Richtung eines Ketchups. Andere verbinden mit einer Grillsauce eher eine sahnig-cremige Sauce abgeschmeckt mit Knoblauch, Kräutern, grünem Pfeffer oder eingelegten Gurken. Und wieder andere wünschen sich eine Sauce mit viel Majonäse wie zum Beispiel Remoulade. Persönliche Vorlieben machen nahezu alles möglich. Im Übrigen lohnt es sich, alle kalten, würzigen Saucen in diesem Buch einmal beim Grillen zu probieren.

Chutneys und Relishes

Die Konsistenz von Chutneys und Relishes ist mehr oder weniger marmeladenartig, das heißt mal recht homogen, mal stückiger. Hauptzutaten sind immer Obst oder Gemüse. Essig und Zucker oder Honig kommen in jedem Fall hinzu. Und dann folgt je nach Rezept eine ganze Reihe Gewürze und frische Kräuter, die dem Chutney oder dem Relish ein ganz intensives Aroma verleihen. Dabei ist das Geschmacksspektrum weit gefächert: von süßlich-mild bis feurig-scharf ist alles möglich.

Chutneys und Relishes müssen reifen, das heißt ihr volles Aroma erreichen sie erst nach vier bis sechs Wochen.

Ketchup

Der Klassiker unter den Grillsaucen, der Klassiker unter den Saucen zu heißen Würstchen, Pommes frites und kurz gebratenem Fleisch und für viele der Klassiker zu gekochten Nudeln. Ketchup, so scheint es – eine Sauce für alle Fälle.

Wenige Zutaten – große Wirkung

Grundbestandteile eines Ketchups sind neben den Tomaten immer Essig, Salz und Zucker. Hinzu kommt eine Reihe an Zutaten, die für den jeweils typischen Geschmack sorgen.

Auf Vorrat kochen

Das gilt es zu beachten:

- ❑ *Chutneys, Relishes und Ketchups kochend heiß abfüllen.*
- ❑ *Stets saubere, heiß ausgespülte Gläser verwenden.*
- ❑ *Die Gläser bis zum Rand füllen.*
- ❑ *Gefüllte Gläser leicht auf die Tischplatte klopfen, damit eventuelle Luftblasen entweichen.*
- ❑ *Den Glasrand säubern.*
- ❑ *Das Glas mit dem Twist-off-Deckel fest verschließen und für etwa fünf Minuten auf den Kopf stellen.*

Majonäse – ein Klassiker

Die Majonäse bildet die Grundlage für eine Vielzahl an kalten Saucen und Dressings. Zudem ist sie durch die Zugabe weniger Zutaten geschmacklich leicht veränderbar. So gibt es zum Beispiel Kräutermajonäse, Knoblauchmajonäse, Meerrettichmajonäse oder Senfmajonäse. Pur wird Majonäse heutzutage nur noch selten serviert – sieht man von „Pommes mit Majo“ mal ab. Überhaupt wird in den meisten Fällen einer leichten Variante (siehe Seite 109) der Vorzug gegeben. Man achtet eben mehr und mehr auf den Fettgehalt der Speisen.

Öl und Wasser gehen eine Verbindung ein

Majonäse ist eine Öl-in-Wasser-Emulsion aus Pflanzenöl, Eigelb, Weinessig oder Zitronensaft. Sie wird durch kräftiges Rühren hergestellt. Dabei wird das Öl in kleine Tröpfchen zerteilt. Der Emulgator Lezithin aus dem Eigelb umschließt die Öltröpfchen und hält sie so im Wasser verteilt. Der Wasseranteil stammt aus dem Eigelb, dem Zitronensaft oder dem Essig. Die Säure aus Zitronensaft oder Essig unterstützt die Wirkung des Emulgators.

Salmonellen – nein danke

Bei der Verwendung ganz frischer Eier für die Majonäse ist das Risiko einer Salmonelleninfektion am geringsten. Die Mindesthaltbarkeitsdauer bei Eiern beträgt 28 Tage. Bis zum 21. Tag nach dem Legen unterbinden eieigene Enzyme eine Vermehrung eventuell vorhandener Salmonellen. Kühle Lagerung hemmt das Salmonellenwachstum. Das Mindesthaltbarkeitsdatum ist auf der Verpackung oder auf dem Ei direkt angegeben. Eier mit der Bezeichnung „Extra“ dürfen nicht älter als sieben Tage sein.

Eier möglichst frisch einkaufen, dann im Kühlschrank aufbewahren und bald verbrauchen.

Hinweise zu den Rezepten

Die Mengen

Die angegebenen Mengen gelten für vier Personen als Beilage oder als Dipsauce. Sie können beliebig vervielfacht werden. Bei Chutneys, Relishes und Ketchups sind die Rezepte von vornherein schon für mehrere Portionen vorgesehen.

Die Haltbarkeit

Generelle Angaben sind hier nicht möglich, zu unterschiedlich sind die verschiedenen Saucen. Deshalb können wir Ihnen nur einige Richtwerte an die Hand geben:

Ketchups, Chutneys und Relishes, die zur Konservierung Zucker und Essig enthalten, können drei bis sechs Monate an einem kühlen, dunklen Ort aufbewahrt werden. Sind sie einmal angebrochen, müssen sie umgehend verbraucht werden. Geöffnete Gläser gehören auf jeden Fall in den Kühlschrank.

Bei den restlichen Saucen bestimmt die Zubereitungsart und die empfindlichste Zutat die Haltbarkeit. So halten erhitzte Saucen etwa eine Woche im Kühlschrank. Saucen aus rohen Zutaten verderben schneller oder verändern ihre Farbe und ihren Geschmack. Jogurtsaucen halten sich im Kühlschrank zwei bis drei Tage.

TIPP

Damit die Saucen nicht verderben, immer nur mit einem sauberen Löffel etwas davon entnehmen und den Rest sofort in den Kühlschrank stellen.

Selbst gemachte Majonäse oder Saucen mit selbst gemachter Majonäse höchstens für einige Stunden aufbewahren. Stellen Sie die Sauce gut verschlossen in den Kühlschrank. Es wird rohes Eigelb verwendet, Salmonellen könnten sich vermehren.

Per Hand oder mit der Maschine?

Für viele Saucen müssen nicht nur Kräuter, sondern auch Gemüse klein gehackt werden. Das ist zwar nicht kompliziert, aber ziemlich zeitraubend und bei größeren Mengen auch anstrengend. Wie einfach wäre es, alle Zutaten in einen Mixer zu geben. Das ist bei den allermeisten Rezepten auch möglich. Doch ändert sich dann speziell die Konsistenz und dadurch bedingt auch der Geschmack. Vor allem Salsas sollten etwas stückig bleiben, damit sie gut gedippt werden können. Bei der Zubereitung im Mixer wird die Sauce immer cremiger. Deshalb empfehlen wir bei einigen Rezepten die Handarbeit. Das Ergebnis lohnt die Mühe.

Rezepte

Tomatenketchup

200 g Zwiebeln
2 Knoblauchzehen
2 rote Paprikaschoten
1 kg Tomaten
1 El Meersalz
reichlich frisch gemahlener schwarzer Pfeffer
1 Tl Senfpulver
75 g Zucker
125 ml Weißweinessig

Ungeöffnet und im Kühlschrank gelagert, hält sich das Ketchup bis zu drei Monaten.

1. Die Zwiebeln und die Knoblauchzehen schälen. Die Paprikaschoten waschen, halbieren und das Kerngehäuse entfernen. Die Tomaten waschen.

2. Zwiebeln und Paprikaschoten in große Stücke schneiden. Die Tomaten achteln, dabei den grünen Stielansatz herausschneiden.

3. Das Gemüse, das Salz, die Gewürze und den Zucker in einen großen Topf geben. Gut miteinander mischen.

4. Alles bei kleiner Hitzezufuhr so lange köcheln lassen, bis die Flüssigkeit stark eingekocht ist. Dabei mehrmals umrühren. Darauf achten, dass nichts am Topfboden anbrennt.

5. Das Ganze durch eine Flotte Lotte oder ein Sieb in einen hohen großen Topf passieren. Den Essig darunter rühren.

6. Das Ketchup in saubere Gläser füllen. Diese mit Twist-off-Deckeln gut verschließen und für 5 Minuten auf den Kopf stellen.

Passt zu
- *Fleisch, Geflügel und Fisch, gegrillt.*
- *Bratwürstchen.*
- *Nudeln und Pommes frites.*

Zucchiniketchup

750 g Zucchini
1 Zwiebel
2 Stängel Zitronengras
50 g frischer Ingwer
3 El Öl
100 g Zucker
100 ml Weißweinessig
1 Tl Meersalz
2 Tl scharfes Currypulver
2 große grüne frische Chilischoten
2 Zweige Thai-Basilikum

1. Die Zucchini und die Zwiebel schälen und in kleine Würfel schneiden.

2. Das Zitronengras in etwa 5 cm große Stücke schneiden. Den Ingwer schälen und fein hacken.

3. Die Zucchini und die Zwiebel im heißen Öl glasig dünsten. Das Zitronengras, den Ingwer, den Zucker, den Essig, das Salz und das Curry dazugeben, den Topf verschließen und alles so lange köcheln lassen, bis das Gemüse weich ist.

4. In den Zwischenzeit die Chilis waschen, mit Küchenkrepp trockentupfen, das Kerngehäuse entfernen und das Fruchtfleisch sehr fein hacken.

5. Die Basilikumblätter von den Stielen zupfen, waschen und trockentupfen. Anschließend die Blätter fein hacken.

6. Sind die Zucchini gar, das Zitronengras herausnehmen und die Gemüsemasse mit dem Pürierstab oder im Mixer pürieren. Dabei etwa 100 ml heißes Wasser dazugeben.

7. Das Püree, die Chilis und das Basilikum verrühren und alles noch einmal aufkochen lassen.

8. Das Ketchup in saubere Gläser füllen. Diese mit Twist-off-Deckeln verschließen und für 5 Minuten auf den Kopf stellen.

Passt zu
- *Fisch, gegrillt, gedünstet oder gekocht.*
- *Geflügelfleisch, gegrillt.*
- *Reisgerichten.*

TIPP

Thai-Basilikum, das etwas nach Anis schmeckt, ist mit unserem Basilikum verwandt und kann auch durch dieses ersetzt werden.

TIPP

Wer es nicht so scharf mag, sollte die Menge der Chilischoten einfach halbieren.

Chiliketchup

1 kg vollreife Tomaten
2 große Zwiebeln
2 große Knoblauchzehen
2 El Olivenöl
2 Tl Jodsalz
100 g brauner Kandis
120 ml Weißweinessig
10 Piri-Piri-Schoten aus dem Glas
einige Spritzer rote Tabascosauce

1. Die Tomaten waschen, trockenreiben und in Würfel schneiden. Dabei den Stielansatz entfernen.

2. Zwiebeln und Knoblauch schälen, in Würfel schneiden und im Öl kurz anbraten. Die Tomaten dazugeben und das Ganze aufkochen lassen.

3. Salz, Kandis und Essig hinzufügen und alles so lange verrühren, bis der Zucker sich aufgelöst hat. Alles etwa 20 Minuten bei mittlerer Hitze köcheln lassen.

4. Die Chilischoten fein schneiden und zusammen mit dem Tabasco zur Tomatenmischung geben.

5. Das Ketchup im Mixer fein pürieren, durch ein Sieb streichen und bei kleiner Flamme dickflüssig einkochen lassen. Dabei ab und an umrühren.

6. Das dickflüssige Ketchup in saubere Glasflaschen füllen, mit Twist-off-Deckeln gut verschließen und für 5 Minuten auf den Kopf stellen.

Passt zu
- *Grillwürsten.*
- *Grill- oder Bratenfleisch.*
- *Gemüse, gegrillt.*
- *Fleischfondue.*

Paprikaketchup

350 g gelbe ungarische Paprikaschoten
1 kleine Zwiebel
4 Knoblauchzehen
1 El Olivenöl
1 Prise Jodsalz
3 Tl mildes Paprikapulver
50 g Zucker
1 Tl Korianderkörner
1 Tl gelbe Senfsamen
2 gestrichene Tl Stärke
1 Prise Cayennepfeffer
10 Blätter Pfefferminze
4 - 5 El Weißweinessig

1. Die Paprikaschoten waschen und in Würfel schneiden. Dabei das Kerngehäuse entfernen.

2. Die Zwiebel und den Knoblauch schälen und fein hacken.

3. Die Paprikaschoten, die Zwiebel und den Knoblauch im heißen Öl andünsten. Anschließend das Salz, das

TIPP

Bei den ungarischen Paprikaschoten handelt es sich um die gelben, spitzen Schoten. Sind sie nicht zu bekommen, so kann man normale gelbe Paprikaschoten nehmen.

Paprikapulver, den Zucker sowie 200 ml Wasser dazugeben. Das vorbereitete Gemüse in 5 bis 10 Minuten weich dünsten.

4. In der Zwischenzeit den Koriander und die Senfsamen im Mörser grob zerstoßen.

5. Die Gemüsesauce durch ein Sieb streichen oder durch eine Flotte Lotte passieren.

6. Das Püree mit dem Koriander und dem Senf verrühren und wieder erhitzen.

7. Die Stärke mit etwas kaltem Wasser anrühren, zum Püree geben und alles unter Rühren durchkochen lassen.

8. Das Ketchup nach Belieben mit Cayennepfeffer und Salz abschmecken.

9. Die Minzblättchen waschen, trockentupfen und fein hacken. Die Minze zum Ketchup geben und dieses noch einmal kurz aufkochen. Den Essig unterrühren.

10. Das Ketchup in saubere Gläser füllen, diese mit Twist-off-Deckeln gut verschließen und für 5 Minuten auf den Kopf stellen.

Passt zu

- *Grillfleisch und Grillgeflügel.*
- *Grillwürstchen.*
- *Nudeln und Reis.*
- *Pommes frites.*

Mango-Paprika-Chutney

1 Mango (ca. 500 g)
1 gelbe Paprikaschote
1 Knoblauchzehe
1 Zwiebel
50 g Zucker
1 Tl Kreuzkümmel
½ Tl gelbe Senfsamen
1 Prise Jodsalz
1 Tl getrockneter grüner Pfeffer
1 Prise gemahlener Safran
3 El Weißweinessig

1. Die Mango schälen, das Fruchtfleisch vom Kern schneiden und in kleine Würfel schneiden.

2. Die Paprikaschote waschen, putzen, das Kerngehäuse entfernen und das Fruchtfleisch würfeln.

3. Die Knoblauchzehe und die Zwiebel schälen und fein hacken.

4. Mangofleisch, Paprikaschote, Zwiebel und Knoblauch in einen Topf geben. Den Zucker und die Gewürze hinzufügen.

5. Alles bei geringer Hitzezufuhr so lange köcheln lassen, bis es marmeladenartig eingekocht ist. Dabei häufig rühren, denn das Chutney neigt gegen Ende der Garzeit dazu, am Topfboden anzubrennen.

6. Zum Schluss den Essig unter das Chutney rühren. Das Chutney in saubere Gläser füllen und diese sofort mit einem Twist-off-Deckel gut verschließen. Die Gläser 5 Minuten kopfüber auf die Deckel stellen.

Passt zu

- *Grillfleisch und Grillgeflügel.*
- *Putenbraten.*
- *Reisgerichten.*

Chutneys aus und mit der Mangofrucht zählen zu den Klassikern. Die aromatische Süße dieser asiatischen Frucht verbindet sich hier harmonisch mit der milden Schärfe des Paprikas.

Aprikosen-Minz-Chutney

1 kg reife Aprikosen
4 mittelgroße Tomaten
2 mittelgroße Zwiebeln
1 El Sojaöl
100 ml Weißweinessig
100 g brauner Kandis
1 Tl Jodsalz
2 Tl gelbe Senfsamen
2 Tl Sambal oelek
2 Briefchen Safranfäden
4 El fein gehackte Pfefferminzblätter

1. Aprikosen und Tomaten enthäuten (siehe hierzu auch Seite 40), entkernen und würfeln.

2. Die Zwiebeln schälen, hacken und im Öl kurz anbraten. Aprikosen, Essig, Kandis, Salz und Senfsamen hinzufügen.

3. Das Ganze bei mittlerer Hitze so lange köcheln lassen, bis die Masse marmeladenartig wird. Dabei ständig rühren.

4. Die Tomaten hinzufügen und alles noch kurz köcheln lassen. Sambal, Safran und Pfefferminz darunter rühren.

5. Das Chutney in saubere Gläser füllen. Diese mit einem Twist-off-Deckel gut verschließen und für etwa 5 Minuten auf den Kopf stellen.

Variation
Das Chutney kann ebenso mit Pfirsichen zubereitet werden.

Passt zu
- *Huhn, gegrillt oder gebraten.*
- *Fisch, gegrillt oder gedämpft.*
- *Fleisch, kurz gebraten.*
- *asiatischen Reisgerichten.*
- *Nachos.*

Schnelles Gurkenrelish

500 g Salatgurke
2 Frühlingszwiebeln
1 Knoblauchzehe
2 El Sojasauce
2 El Sushiessig oder Reisessig
1 Tl japanische grüne Meerrettichpaste (Wasabi)

1. Die Salatgurke schälen, halbieren und die Kerne mit einem Teelöffel herausschaben. Anschließend die Gurke fein raspeln oder fein hacken.

2. Die Frühlingszwiebeln putzen, die Knoblauchzehe schälen und beides ebenfalls fein hacken.

3. Alle Zutaten verrühren und das Relish kurz durchziehen lassen.

Passt zu
- *Fisch, gedünstet.*
- *Fischcarpaccio.*
- *Fleischfondue.*

TIPP

Werden Chutneys kühl, trocken und dunkel aufbewahrt, sind sie bis zu 3 Monaten haltbar. Angebrochene Gläser stets in den Kühlschrank stellen und bald verbrauchen.

Zucchinirelish

1 kg kleine feste Zucchini
4 mittelgroße Zwiebeln (ca. 150 g)
5 große Knoblauchzehen
1 El Chiliöl (siehe Seite 32)
200 ml Balsamico bianco
80 g brauner Zucker
4 Msp. Cayennepfeffer
1/4 Tl Jodsalz
1 El fein gehackter frischer Rosmarin

1. Die Zucchini waschen, putzen und auf einer Rohkostreibe fein hobeln.

2. Zwiebeln und Knoblauch schälen und in feine Würfel schneiden. Das Öl in einer großen Pfanne erhitzen und beides darin kurz anbraten.

3. Dann die Zucchini zugeben und ebenfalls kurz anbraten. Essig, Zucker, Cayennepfeffer und Salz hinzufügen. Alles gut verrühren.

4. Das Ganze bei mittlerer Hitze unter Rühren etwa 20 Minuten köcheln lassen. Das Relish zieht zunächst Wasser, dieses verdampft jedoch und das Relish dickt ein.

5. Den Rosmarin darunter rühren. Das Relish heiß in saubere Gläser füllen, diese mit einem Twist-off-Deckel verschließen und für 5 Minuten auf den Kopf stellen.

TIPP

In Feinkostläden oder gut sortierten Lebensmittelgeschäften gibt es auch fertiges Chiliöl zu kaufen. Wer ganz darauf verzichten möchte, nimmt ein Olivenöl und verwendet etwas mehr Cayennepfeffer.

Passt zu
- *Fleisch, gegrillt oder auch gebraten.*
- *Fisch, gegrillt oder gedämpft.*
- *Reisgerichten.*

Tomaten-Zwiebel-Sauce

250 g Zwiebeln
2 El Sonnenblumenöl
1/4 Tl Kreuzkümmelsamen
1 Tl gelbe Senfsamen
1 El Honig
1 Tl Jodsalz
1 kg vollreife Tomaten
2 Tl Instantgemüsebrühe
frisch gemahlener schwarzer Pfeffer
1 Prise geriebene Muskatnuss
1 kleines Bund Blattpetersilie

1. Die Zwiebeln schälen, fein hacken und im heißen Öl glasig dünsten. Sie sollen gar sein.

2. Den Kümmel in einem Mörser fein zerstoßen und zusammen mit Senfsamen, Honig und Salz darunter rühren.

3. Die Tomaten waschen, trockenreiben und klein schneiden. Dabei die Stielansätze entfernen. Die Tomaten in einer Pfanne so lange schmoren, bis sie zerfallen.

4. Brühe, etwas Pfeffer und Muskatnuss unter die Tomaten rühren.

5. Die Tomaten im Mixer pürieren und sorgfältig durch ein Sieb passieren. Die Zwiebelmischung darunter rühren.

6. Die Petersilie kalt abspülen, trockenschleudern, die Blätter von den Stielen zupfen, hacken und unter die abgekühlte Sauce rühren.

Passt zu
- *Fisch, gekocht oder gedämpft.*
- *Fleisch, gegrillt oder auch gebraten.*
- *Fleischfondue.*

Tomaten-Pfeffer-Sauce

1 kleine Zwiebel
1 kleine grüne Paprikaschote
500 g vollreife Tomaten
1 El Olivenöl
1/2 Tl Jodsalz
1 El Zucker
1 Prise Cayennepfeffer
ca. 40 grüne Pfefferkörner aus dem Glas
1 Tl grüne Tabascosauce

1. Die Zwiebel schälen und hacken. Die Paprikaschote waschen, trockenreiben, entkernen und würfeln.

2. Die Tomaten waschen, trockenreiben, von den Stielansätzen befreien und in Würfel schneiden.

3. Zwiebel und Paprikaschote im Öl kräftig anbraten. Tomaten, Salz und Zucker hinzufügen und das Ganze so lange köcheln lassen, bis alles gut weich ist.

4. Die Tomaten im Mixer pürieren und durch ein Sieb passieren. Die Pfefferkörner fein hacken und zusammen mit dem Tabasco unter die Sauce rühren.

Passt zu
- *Grillwürsten.*
- *Fleisch, gegrillt oder gebraten.*
- *Fleischfondue.*

TIPP

Neben den grünen gibt es auch rote Pfefferkörner, die in Lake eingelegt sind. Sie können ebenso verwendet werden.

Paprikasauce

1 kleine Zwiebel
1 kleine Knoblauchzehe
400 g rote oder gelbe Paprikaschoten
2 El Olivenöl
ca. 200 ml Gemüsebrühe
3 große Zweige Thymian
Jodsalz
edelsüßes Paprikapulver
frisch gemahlener schwarzer Pfeffer

TIPP

Wer es scharf mag, kann die Paprikasauce mit roter Tabascosauce und Cayennepfeffer abschmecken.

1. Zwiebel und Knoblauch schälen und fein hacken. Die Paprikaschoten waschen, trockenreiben, entkernen und in Würfel schneiden.

2. Das Öl in einer Pfanne erhitzen, Zwiebel, Knoblauch und Paprikawürfel kurz darin anbraten.

3. Dann die Gemüsebrühe angießen, den Thymian hineinlegen, die Pfanne schließen und alles bei mittlerer Hitze so lange dünsten, bis die Paprika sehr weich sind.

4. Die Thymianzweige herausnehmen. Das Gemüse in einem Mixer fein pürieren und die Sauce durch ein Sieb passieren.

5. Die Sauce mit den Würzzutaten abschmecken und wenn nötig mit Gemüsebrühe verdünnen. Das Ganze abkühlen lassen und servieren.

Passt zu
- *Fisch, gedämpft oder gegrillt.*
- *Huhn, gegrillt oder gebraten.*
- *Gemüse, gekocht oder gedämpft.*
- *Nudeln. Die Sauce warm dazu servieren.*

Salsa mexicana

1 mittelgroße Zwiebel
1 Knoblauchzehe
1 El Maiskeimöl
1 Tl gelbe Senfsamen
500 g reife Tomaten
2 Jalapeño-Chilis aus dem Glas
5 schwarze Pfefferkörner
3/4 Tl Jodsalz
2 Tl brauner Zucker
1 El fein gehacktes Koriandergrün, ersatzweise Blattpetersilie

1. Zwiebel und Knoblauch schälen, fein hacken und im

Öl glasig dünsten. Die Senfsamen dazugeben.

2. Die Tomaten enthäuten (siehe Seite 40), entkernen, in Stücke schneiden und in einen Mixer geben.

3. Die Chilis fein hacken und zu den Tomaten geben. Den Pfeffer im Mörser fein zerreiben und zusammen mit Salz und Zucker ebenfalls hinzufügen.

4. Das Ganze im Mixer pürieren. Zwiebelmischung sowie Koriandergrün unter die Sauce rühren.

Passt zu

- *Nachos oder zu Tacos.*
- *Fisch, gekocht oder gedämpft.*
- *Fleisch, gebraten oder gegrillt.*
- *Huhn, gebraten oder gegrillt.*

Milde Peperonisalsa

1 mittelgroße Zwiebel
1 große Knoblauchzehe
mindestens 7 El Olivenöl
1 Tl Honig
½ Tl gelbe Senfsamen
200 g extra milde Peperoni aus dem Glas (mit möglichst weicher Schale)
1 Prise Jodsalz
1 Msp. edelsüßes Paprikapulver
½ Tl grüne Tabascosauce

1. Zwiebel und Knoblauch schälen, fein hacken und in einem Esslöffel Öl glasig dünsten. Honig und Senfsamen darunter rühren.

2. Die Peperoni ohne Stiel klein schneiden, entkernen und zusammen mit Salz, Paprikapulver, Tabasco und dem restlichen Öl möglichst fein pürieren.

3. Je nach Konsistenz der Peperoni kann es durchaus sein, dass etwas mehr Öl als im Rezept angegeben benötigt wird. Es soll eine glatte Creme entstehen.

4. Anschließend die Zwiebel-Knoblauch-Mischung unter die Salsa rühren.

Passt zu

- *Fleisch, gegrillt oder auch gebraten.*
- *Huhn, gegrillt.*
- *Nachos.*

TIPPS

Es ist wichtig, dass Sie Peperoni mit weicher Schale verwenden. Feste Schalenstückchen in der Salsa mindern den Genuss.

Grüne Tabascosauce wird aus Jalapeño-Chilis hergestellt. Sie ist etwas milder im Geschmack als rote Tabascosauce.

Grüne Paprikasalsa

2 grüne Paprikaschoten
2 milde Peperoni aus dem Glas
2 Frühlingszwiebeln
2 Knoblauchzehen
10 Zweige Koriandergrün
1 Jalapeño-Chili, frisch oder aus dem Glas
Saft von 1 Limette
1 Prise Salz

1. Die Paprikaschoten häuten (siehe Seite 40 bis 41) und entkernen.

2. Das Fruchtfleisch der Paprikaschote klein hacken.

3. Die Peperoni halbieren, die Kerne entfernen und das Fruchtfleisch klein hacken.

4. Frühlingszwiebeln putzen, Knoblauchzehen schälen, Korianderblättchen waschen und trockentupfen.

5. Die Frühlingszwiebeln, den Knoblauch, den Jalapeño-Chili und die Korianderblättchen ebenfalls klein hacken.

6. Alle Zutaten mit dem Limettensaft verrühren und die Sauce mit Salz abschmecken.

Passt zu
- *Reisgerichten.*
- *Brot, als Aufstrich.*
- *Fleisch, gegrillt und gebraten.*
- *Nachos.*

TIPP

Für beide Paprikasalsas ist es wichtig, dass die Zutaten alle ganz fein gehackt, aber keinesfalls püriert werden. Nur so erhalten Sie die besondere Salsakonsistenz.

Rote Paprikasalsa

3 spitze rote Paprikaschoten (300 g)
Saft von 1 Limette
2 Knoblauchzehen
1 große, rote, scharfe Peperoni
4 Piri-Piri-Schoten aus dem Glas
10 kleine Blättchen Pfefferminze
2 Passionsfrüchte (Maracuja)
1 El Sojaöl
1 Prise Salz

1. Die Haut der Paprikaschoten abziehen (siehe Seite 40 bis 41) und die Schoten entkernen.

2. Das Fruchtfleisch fein hacken und mit dem Limettensaft verrühren.

3. Die Knoblauchzehen schälen, fein hacken und dazugeben.

4. Die Peperoni halbieren, die Kerne entfernen und das Fruchtfleisch klein hacken.

5. Die Piri-Piri und die Pfefferminzblättchen ebenfalls klein hacken.

6. Knoblauch, Peperoni, Piri-Piri und Pfefferminze zu den Paprika geben.

7. Anschließend die Passionsfrüchte halbieren und das Fruchtfleisch sorgfältig durch ein Sieb zu der Salsa streichen.

8. Die Sauce mit Öl verrühren und dann mit Salz abschmecken.

Passt zu
- *Nachos.*
- *Grillfleisch aller Art.*
- *Schinken in Brotteig.*
- *Fisch, gegrillt oder gedünstet.*

Milde Salsa

1 Zwiebel
2 Knoblauchzehen
4 Tomaten
1 Bund Petersilie
2 EL grüne entsteinte Oliven
10 milde Peperoni aus dem Glas
1 Prise Jodsalz
frisch gemahlener Pfeffer
einige Spritzer roter Tabasco

1. Die Zwiebel und die Knoblauchzehen schälen und fein hacken.

2. Die Tomaten häuten (siehe Seite 40) und entkernen. Das Fruchtfleisch in kleine Würfel schneiden.

3. Die Petersilie waschen, trockentupfen und fein hacken.

4. Die Oliven und die Peperoni abtropfen lassen und ebenfalls fein hacken.

5. Die Zutaten mischen, mit Salz, Pfeffer und etwas Tabasco vorsichtig abschmecken.

Variation
Aus der milden Sasla wird eine feurige Salsa, wenn man die Hälfte der Peperoni durch scharfe Chilischoten ersetzt.

Passt zu
- *Grillfleisch, am besten Steak.*
- *Nachos.*

TIPP

Die Qualität der Salsa steht und fällt mit dem Reifegrad der Tomaten.

Paprika-Tomaten-Salsa

TIPP

Reichen Sie geröstetes Weißbrot mit dieser pikanten Paprika-Tomaten-Salsa zum Aperitif.

3 rote Paprikaschoten (300 g)
Saft von 1 Limette
1 Knoblauchzehe
2 Piri-Piri-Schoten aus dem Glas
2 Tomaten
1/2 Tl Kreuzkümmelsamen
10 Basilikumblätter
1 Prise Jodsalz
1 Prise Cayennepfeffer

1. Die Haut der Paprikaschoten abziehen (siehe Seite 40 bis 41) und die Schoten entkernen.

2. Das Fruchtfleisch klein hacken und mit dem Limettensaft verrühren.

3. Die Knoblauchzehe schälen. Zusammen mit den Piri-Piri klein hacken und zu den Paprikaschoten geben.

4. Die Tomaten häuten (siehe Seite 40) und entkernen. Das Fruchtfleisch klein hacken.

5. Den Kreuzkümmel im Mörser zerstoßen. Das Basilikum kalt abspülen, trockentupfen und fein schneiden.

6. Tomaten, Kreuzkümmel und Basilikum unter die Salsa rühren und diese mit Salz und Cayennepfeffer abschmecken.

Passt zu
- *Fisch, gegrillt oder gedünstet.*
- *Grillfleisch aller Art.*
- *Brot. Man röstet Weißbrotscheiben und bestreicht sie mit der Salsa.*

Mango-Tomaten-Sauce

2 Tomaten
1 vollreife Mango
1 Knoblauchzehe
1 Jalapeño-Chili aus dem Glas
5 Stängel Blattpetersilie
Saft von 1 Limette
frisch gemahlener Koriander
1 Prise Jodsalz

1. Die Tomaten enthäuten (siehe Seite 40) und entkernen. Das Fruchtfleisch klein hacken.

2. Die Mango schälen, das Fruchtfleisch vom Kern schneiden und pürieren. Anschließend das Püree und die Tomaten mischen.

3. Die Knoblauchzehe schälen, zusammen mit dem Chili möglichst klein hacken und zu der Mango-Tomaten-Sauce geben.

4. Die Blattpetersilie kalt abspülen, gut mit Küchenkrepp trockentupfen und die Blättchen fein schneiden.

5. Die Petersilie und den frisch gepressten Limettensaft unter die Sauce rühren und sie mit Koriander und Salz abschmecken.

Variation
Ersetzen Sie die Tomaten durch Tomatillos aus Mexiko (erhältlich im Feinkostladen) oder gehäutete rote Paprikaschoten.

Passt zu
- *Nachos.*
- *Hähnchenfleisch, gegrillt oder gedünstet.*
- *Fisch oder Fischfilet, gegrillt oder gedünstet.*

Die empfindliche Mangofrucht ist Vitamin-C-reich und enthält viel Provitamin A. In Ostasien ist sie seit ältesten Zeiten kultiviert und neben der Banane wohl das wichtigste Obst.

Safran-Knoblauch-Sauce

1 Msp. Safranfäden
1 Prise Meersalz oder Jodsalz
4 Scheiben Baguette, je 1 cm breit
6 El kalt gepresstes Olivenöl
2 Knoblauchzehen
1 frische rote Chilischote
2 reife Tomaten
4 El heißes Wasser
2 Tl Sherry- oder Weißweinessig
4 Zweige Blattpetersilie

TIPP

Auch altbackenes Weißbrot kann man für die Sauce verwenden. Allerdings müssen dann die Brotwürfel in dem Olivenöl etwas weichen, bevor die Sauce zubereitet wird.

1. Den Safran zusammen mit einer Prise Salz in einen Mörser geben und zerreiben.

2. Die Rinde der Baguettescheiben abschneiden und die Krume in kleine Würfel schneiden. Die Brotwürfel zusammen mit 4 Esslöffeln Olivenöl zum Safran geben und alles zerreiben.

3. Die Knoblauchzehen schälen und fein hacken oder durch eine Knoblauchpresse drücken. Die Chilischote waschen, halbieren, das Kerngehäuse und die Trennwände herausschneiden. Das Fruchtfleisch klein hacken.

4. Die Tomaten enthäuten (siehe Seite 40), entkernen und das Fruchtfleisch klein hacken.

5. Den Knoblauch, die Chili und die Tomaten in den Mörser geben und nun alles zu einer homogen, sämigen Masse zerreiben.

6. Das Wasser, das restliche Öl und den Essig mit dem Stößel unter die Sauce rühren.

7. Die Petersilie kalt abspülen, trockentupfen und die Blättchen fein hacken. Die Petersilie unter die Sauce rühren.

Passt zu
- *Fisch, gegrillt oder gedünstet.*
- *Geflügelfleisch, gegrillt.*
- *Gemüsesticks, als Dip.*

Guacamole

2 große feste Tomaten
1 kleine Zwiebel
1 große Knoblauchzehe
8 kleine Piri-Piri-Schoten aus dem Glas
2 reife Avocados
Saft von 1 kleinen Limette
3/4 Tl Jodsalz
reichlich frisch gemahlener schwarzer Pfeffer

1. Die Tomaten enthäuten (siehe hierzu auch Seite 40), entkernen und in kleine Würfel schneiden.

2. Die Zwiebel und die Knoblauchzehen schälen und fein hacken. Pfefferschoten waschen, von den Stielansätzen befreien und ebenfalls fein hacken.

3. Die Avocados halbieren, das Fruchtfleisch mit einem Löffel herauslösen, danach in eine Rührschüssel geben und mit dem Limettensaft übergießen.

4. Zwiebel, Knoblauch, Pfefferschoten, Salz und Pfeffer hinzufügen und alles fein pürieren.

5. Die Tomatenwürfel unter die Creme heben und das Ganze möglichst gleich servieren.

Passt zu
- *Nachos.*
- *Gemüsesticks.*
- *Fisch, gegrillt oder gedämpft.*
- *Fleisch, gegrillt.*
- *Huhn, gegrillt oder gebraten.*
- *Fleischfondue.*

TIPPS

Wer Koriandergrün zur Verfügung hat und seinen Geschmack mag, der kann 1 Esslöffel des fein gehackten Krautes unter die fertige Guacamole rühren.

Die Sauce sollte unmittelbar nach der Zubereitung verzehrt werden, Farbe und Geschmack verändern sich rasch zu ihrem Nachteil.

Salsa verde

2 kleine Gewürzgurken (ca. 40 g)
1 großer El eingelegte Kapern (ca. 20 g)
1 große Knoblauchzehe
3/4 Scheibe Toastbrot ohne Rinde
2 El Balsamico bianco, ersatzweise ein anderer milder Weißweinessig
1/4 Tl Jodsalz
frisch gemahlener schwarzer Pfeffer nach Belieben
1 Msp. edelsüßes Paprikapulver
ca. 100 g Blattpetersilie
150 ml kalt gepresstes Olivenöl

TIPP

Für die Salsa verde sollten Sie unbedingt ein kalt gepresstes Olivenöl mit ausgeprägtem Aroma verwenden. Das zahlt sich geschmacklich bei dieser Sauce allemal aus.

1. Gurken und Kapern sehr fein hacken und in eine Rührschüssel geben. Den Knoblauch schälen und dazupressen.

2. Das Brot in feine Würfel schneiden und zusammen mit dem Essig und den Würzzutaten zu den anderen Zutaten geben. Alles mischen.

3. Die Petersilie kalt abspülen und gut trockenschleudern. Die Blätter von den Stielen zupfen, mit einem großen Messer oder im Mixer sehr fein hacken und mit den übrigen Zutaten sorgfältig mischen.

4. Das Öl in kleinen Portionen mit dem Handrührgerät (höchste Stufe) darunter schlagen.

Variation

Wenn Sie mögen, geben Sie 4 fein gehackte Sardellenfilets (aus der Salzlake) dazu. Die Filets auf jeden Fall vorher mehrere Stunden wässern und trockentupfen. Und Vorsicht beim Salzen.

Passt zu

- *Fleisch, gegrillt, gebraten oder gekocht.*
- *Fisch, gedämpft oder gekocht.*
- *Nudeln. Zusammen mit etwas frisch geriebenem Parmesan dürfte jeder Pestoliebhaber beeindruckt sein.*

Mandelpesto

45 g Mandeln
2 Knoblauchzehen
1/2 Tl Meersalz
etwas frisch gemahlener schwarzer Pfeffer
1 kräftige Prise edelsüßes Paprikapulver
100 g ganz frisches Basilikum
250 ml kalt gepresstes Olivenöl
2 El frisch geriebener Parmesan

1. Die Mandeln mit kochendem Wasser überbrühen, abziehen und im Mixer fein hacken. Den Knoblauch schälen und pressen.

2. Mandeln zusammen mit Knoblauch, Salz, Pfeffer und Paprikapulver portionsweise in einem Mörser zu einer marzipanähnlichen Masse zerreiben.

3. Das Basilikum mit kaltem Wasser abbrausen, sehr gut trockenschleudern und von den Stielen befreien. Die Blätter im Mixer ganz fein hacken.

4. Basilikum und Mandelpaste vermischen und das Öl in einem feinen Strahl mit einem elektrischen Handrührgerät (mittlere Stufe) darunter rühren.

5. Zum Schluss den geriebenen Käse unter den fertigen Pesto mischen.

Variation

Anstelle der Mandeln kann man auch frische Pinienkerne verwenden und zaubert so einen köstlichen Pinienkernpesto.

Passt zu

- *Nudeln in allen Variationen.*
- *Gemüse, gekocht oder gedämpft.*
- *Pilzen, gedünstet oder auch gebraten.*
- *Saucen und anderen Gerichten verleiht etwas Pesto einen besonderen Pfiff. Er bietet sich auch gut als Alternative zur Kräuterbutter an.*
- *Brot, als Belag.*

TIPP

Frisch zubereitet, schmeckt dieser Pesto besonders gut. Er ist allerdings im Kühlschrank auch einige Zeit haltbar. Decken Sie ihn mit einer Schicht Olivenöl ab und verschließen Sie das Gefäß gut. Das zu verwendende Basilikum sollte stets frisch und einwandfrei sein.

Petersilien-Erdnuss-Sauce

4 El ungesalzene Erdnusskerne
100 g Blattpetersilie
Saft von 1 Zitrone
2 Tl Sojasauce
2 Tl flüssiger Honig
2 Tl grüne Tabascosauce
2 Tl grobkörniger mittelscharfer Senf
frisch gemahlener weißer Pfeffer
200 ml Sonnenblumenöl

1. Die Nüsse im Mixer zerkleinern und im Mörser möglichst fein zerreiben. Die Petersilie waschen, trockenschleudern und die Blätter fein hacken.

2. Zitronensaft, Sojasauce, Honig, Tabasco, Senf und etwas weißen Pfeffer mit dem elektrischen Handrührgerät gut aufschlagen.

3. Erdnüsse und Petersilie darunter rühren. Dann das Öl in einem dünnen Strahl unter ständigem Rühren einlaufen lassen. Alles nochmals gut aufschlagen.

Passt zu
- *Fisch, gegrillt oder gedampft.*
- *Geflügel, gebraten oder gedämpft.*
- *Fleischfondue.*
- *Rohkostgemüse.*
- *Nudeln. Wie ein Pesto zu verwenden.*

TIPP

Das grüne Olivenmus können Sie auch im Mixer zubereiten, allerdings nur dann, wenn dieser auch für die Verarbeitung kleiner Mengen ausgelegt ist.

Grünes Olivenmus mit Kapern

1 Sardellenfilet in Salz
200 g grüne Oliven, in Scheiben
2 Tl Kapern
4 El kalt gepresstes Olivenöl
1 Tl Thymianblättchen
frisch gemahlener Pfeffer

1. Das Sardellenfilet gut abspülen und 4 bis 5 Stunden in Wasser legen. In dieser Zeit das Wasser ab und zu auswechseln.

2. Die Oliven und die Kapern abtropfen lassen und mit kaltem Wasser abspülen.

3. Das Sardellenfilet aus dem Wasserbad herausnehmen, abtropfen lassen und in kleine Stücke zupfen.

4. Sardellenstücke, Oliven, Kapern, Olivenöl und Thymianblättchen in eine hohe Schüssel geben und mit dem Pürierstab fein pürieren.

5. Das Mus mit Pfeffer abschmecken.

Passt zu
- *Gemuse, wie Zucchini oder Auberginen, gegrillt.*
- *Lammfleisch, gegrillt oder gebraten.*
- *Auf kleine Weißbrotscheiben streichen und das Mus zum Aperitif servieren.*

Knoblauch-Quark-Sauce

300 g Magerquark
ca. 150 ml Vollmilch
1/4 Tl Jodsalz
reichlich frisch gemahlener weißer Pfeffer
1 kräftige Prise Cayennepfeffer
1 Msp. edelsüßes Paprikapulver
2 große Knoblauchzehen
1 1/2 El gehackte grüne Oliven

1. Quark, Milch, Salz und Gewürze gut miteinander verrühren und abschmecken.

2. Den Knoblauch schälen, durchpressen und zusammen mit den Oliven darunter rühren.

Variation
Die Knoblauchsauce lässt sich leicht in ein Tzatziki verwandeln. Schälen Sie eine mittelgroße Salatgurke, entkernen diese und schneiden sie in feine Stifte, welche einfach unter die Sauce gerührt werden. Sie sollte etwa 2 Stunden im Kühlschrank durchziehen. Nehmen Sie jedoch weniger Milch (etwa 100 ml), da die Gurke oft reichlich Wasser abgibt und die Sauce daher flüssiger wird.

Passt zu
- *Lammfleisch, gegrillt oder kurz gebraten.*
- *Grillgemüse, speziell Grillkartoffeln.*
- *Gemüsesticks.*

Auberginencreme mit Sesammus

1 Aubergine (ca. 250 g)
1 Knoblauchzehe
Saft von 1 Limette
1 Tl Kreuzkümmelsamen
1 El fein gehackte Blattpetersilie
1 Tl Tahin (Sesammus)

1. Die Aubergine längs halbieren und im Ofen etwa 20 Minuten von beiden Seiten grillen.

2. Die Aubergine herausnehmen. Kurz abkühlen lassen, dann das Fleisch aus der Schale lösen und in einen Mixer geben.

3. Den Knoblauch schälen, vierteln und zusammen mit dem Limettensaft zu der Aubergine geben. Alles zu einem Mus pürieren.

4. Die Kreuzkümmelsamen im Mörser möglichst fein zerstoßen.

5. Die Auberginencreme mit dem Kreuzkümmel, der Petersilie und dem Tahin verrühren.

Passt zu
- *türkischem oder arabischem Fladenbrot.*
- *Schweinefleisch, gegrillt oder gebraten.*
- *Frikadellen.*

TIPPS

Je nach Konsistenz des Quarks braucht man für die Knoblauch-Quark-Sauce einmal mehr und einmal weniger Milch.

Die Menge des Knoblauchs richtet sich nach Ihrem Geschmack, das heißt, Sie können auch mehr verwenden.

Schnittlauch-Quark-Sauce

300 g Magerquark
ca. 100 ml Vollmilch
50 ml süße Sahne
1 1/2 Tl grobkörniger mittelscharfer Senf
1/4 Tl Jodsalz
1 kräftige Prise edelsüßes Paprikapulver
reichlich frisch gemahlener schwarzer Pfeffer
1 Bund Schnittlauch

1. Quark, Milch, Sahne, Senf, Salz und Gewürze gut miteinander verrühren.

2. Den Schnittlauch waschen, gut trockentupfen, fein schneiden und unter die Sauce rühren.

TIPP

Die genaue Menge der Milch richtet sich nach der Konsistenz des Quarks. Geben Sie zunächst weniger zu, dann mehr.

Variation

Anstelle von Schnittlauch können Sie auch das Grün von 5 bis 6 zarten Frühlingszwiebeln verwenden. Dieses waschen, gut mit Küchenkrepp trockentupfen, in feine Ringe schneiden und unter die Sauce rühren.
Diese Variante sollten Sie allerdings mindestens 2 Stunden im Kühlschrank gut durchziehen lassen.

Passt zu

- *Pilzen, gegrillt.*
- *Gemüse, roh oder gegrillt.*
- *Folienkartoffeln. Mit etwas weniger Milch zubereitet, ergibt die Sauce eine Quarkspeise zu Pellkartoffeln.*
- *Fisch, kurz gebraten.*
- *Sauerfleisch.*

Pfeffer-Sahne-Sauce

Saft von 1/2 Zitrone
knapp 1/2 Tl Jodsalz
1 Tl grüne Tabascosauce
2 Msp. Cayennepfeffer
frisch gemahlener schwarzer Pfeffer
125 ml süße Sahne
150 g saure Sahne
1 Tl grüne Pfefferkörner aus dem Glas

1. Zitronensaft, Salz, Tabasco, Cayennepfeffer und reichlich schwarzen Pfeffer gut verquirlen.

2. Die süße Sahne hinzufügen und mit einem elektrischen Handrührgerät auf höchster Stufe aufschlagen. Das Volumen vervielfacht sich dabei.

3. Die saure Sahne darunter ziehen. Zum Schluss die Pfefferkörner fein hacken und darunter rühren.

Passt zu
- *Fisch, gekocht oder auch gedämpft.*
- *Fleischfondue.*
- *Grill- beziehungsweise Ofenkartoffeln.*
- *Erdbeeren. Wer Erdbeeren mit grünem Pfeffer liebt, sollte sie einmal mit dieser Sauce probieren.*
- *warmem Gemüse, wie zum Beispiel Artischockenböden oder Blumenkohlröschen.*

Jogurt-Minz-Sauce

500 g türkischer Jogurt
4 El Wasser
1 Tl Jodsalz
2 Tl flüssiger Honig
2 Msp. Cayennepfeffer
frisch gemahlener schwarzer Pfeffer
ca. 60 mittelgroße Pfefferminzblätter

1. Den Jogurt zusammen mit Wasser, Salz, Honig, Cayennepfeffer und etwas schwarzem Pfeffer gut verrühren.

2. Die Pfefferminzblätter waschen, trockentupfen, fein hacken und unter die Sauce rühren.

Variation
Statt dem türkischen Kuhmilchjogurt kann Schafmilchjogurt genommen werden. Je nach Konsistenz kann dann etwas mehr Wasser nötig sein.

Passt zu
- *Fisch, gegrillt oder gedämpft.*
- *Fleisch, gegrillt oder gebraten.*
- *Huhn, gegrillt.*
- *Reisgerichten.*
- *Die Sauce kann auch als Dressing für einen Reissalat verwendet werden.*

TIPP

Die Pfeffer-Sahne-Sauce stets erst kurz vor dem Servieren zubereiten, da sie nach einiger Zeit ihre schaumige Konsistenz verliert.

TIPP

Die Jogurt-Minz-Sauce sollte stets gekühlt serviert werden.

TIPP

Die Ananas-Curry-Sauce ist am einfachsten in einem Mixer zuzubereiten. Wenn man keinen hat, muss alles mit dem Messer fein gehackt werden.

Mangocreme

1 kleine Mango (ca. 150 g Fruchtfleisch)
1 kleine Knoblauchzehe
1 frische, scharfe, rote Peperoni
2 Frühlingszwiebeln
4 große Pfefferminzblätter
2 El Crème fraîche
1 Tl Erdnusscreme
5-10 Spritzer grüner Tabasco
1 Prise Jodsalz
frisch gemahlener schwarzer Pfeffer

1. Die Mango schälen, das Fruchtfleisch vom Kern schneiden und fein hacken.

2. Den Knoblauch schälen, die Peperoni putzen, entkernen und beides fein hacken.

3. Die Frühlingszwiebeln putzen und in dünne Ringe schneiden. Die Pfefferminze kalt abspülen, trockentupfen und fein hacken.

4. Mango, Knoblauch, Frühlingszwiebeln und die Minze mit der Crème fraîche und der Erdnusscreme verrühren.

5. Die Sauce mit Tabasco, Salz und Pfeffer abschmecken.

Passt zu
- *Hähnchenfleisch, gedünstet oder gebraten.*
- *Putenbrust, kalt als Aufschnitt.*
- *Gemüsesticks, als Dip.*

Ananas-Curry-Sauce

2 Knoblauchzehen
1 Zwiebel
5-6 cm frischer Ingwer
5 Scheiben Ananas aus der Dose
150 g saure Sahne
1 Tl scharfes Currypulver
1 Prise Jodsalz
2 Tl Weißweinessig
1/2 Tl englisches Senfpulver

1. Die Knoblauchzehen und die Zwiebel schälen. Den Ingwer schälen und in Stücke schneiden.

2. Knoblauch, Zwiebel und Ingwer in einen Mixer geben und klein hacken.

3. Vier Scheiben Ananas und die saure Sahne dazugeben und alles mixen.

4. Anschließend die Sauce mit Currypulver, Salz, Essig und Senfpulver pikant abschmecken.

5. Die restliche Ananas in kleine Würfel schneiden und vorsichtig unter die Sauce heben.

Passt zu
- *Grillfleisch aller Art.*
- *Fleischfondue.*
- *Frikadellen.*
- *Getreidebratlingen.*
- *Putenbraten.*
- *Fischfondue.*

Knoblauchsauce

1 Ei
1 Knoblauchzehe
1 Prise Jodsalz
frisch gemahlener weißer oder bunter Pfeffer
5 El kalt gepresstes Olivenöl
3 El Zitronensaft
1 kleiner Stängel Bleichsellerie
1 kleine Schalotte

1. Das Ei hart kochen, mit kaltem Wasser abschrecken und abkühlen lassen.

2. Das Ei pellen, halbieren, das Eigelb herausnehmen und in einen Mörser geben.

3. Den Knoblauch schälen, fein hacken und zu dem Eigelb geben. Das Salz dazugeben und alles zu einer homogenen Masse verreiben.

4. Die Masse pfeffern und langsam das Olivenöl darunter rühren. Den Zitronensaft dazugeben und alles gut verrühren.

5. Den Bleichsellerie putzen und quer in feine Scheiben schneiden.

6. Das Eiweiß fein hacken. Die Schalotte schälen und ebenfalls fein hacken.

7. Den Sellerie, das Eiweiß und die Schalotte unter die Sauce heben und diese anschließend mit Salz und Pfeffer aus der Mühle pikant abschmecken.

Variationen
Sehr gut schmeckt die Sauce auch mit ein wenig fein gehackter Pfefferminze oder Zitronenmelisse, die unter die fertige Sauce gehoben wird. Wenn es schnell gehen soll, nehmen Sie als Saucengrundlage Majonäse und verrühren diese mit gepresstem Knoblauch, Zitronensaft, Bleichsellerie und Schalotten.

Passt zu
- *Fisch, gekocht oder gegrillt.*
- *Krustentieren, gekocht.*
- *Gemüsesticks, als Dip.*
- *Kartoffeln, gekocht oder in der Schale gebacken.*

TIPP

Wichtig ist, dass Eigelb und Öl sorgfältig verrührt werden.

Majonäse

1 Eigelb (Zimmertemperatur)
1 Teelöffel Weißweinessig
150 ml Sonnenblumenöl (Zimmertemperatur)
1 Prise Jodsalz
frisch gemahlener weißer Pfeffer

1. Das Eigelb zusammen mit dem Essig mit einem Schneebesen gut verquirlen.

2. Teelöffelweise unter ständigem Rühren die Hälfte des Öls dazugeben. Das Eigelb muss das Öl vollständig aufgenommen haben, bevor wieder Öl dazugegeben wird.

3. Das restliche Öl kann in größeren Portionen, aber immer unter ständigem Rühren, dazugegeben werden.

4. Die fertige Majonäse mit Salz und Pfeffer würzen.

Passt zu
- *Fleisch, gekocht.*
- *Fisch, gekocht oder auch gedünstet.*
- *Pommes frites.*

Welches Öl, welcher Essig?
Am besten nehmen Sie ein geschmacksneutrales raffiniertes Öl und einen milden Weißweinessig für die Majonäse. Kalt gepresste Öle schmecken häufig zu kräftig. Vor allem dann, wenn die Majonäse noch mit anderen geschmacksgebenden Zutaten verrührt werden soll. Ausnahmen bestätigen natürlich auch hier die Regel. So wird die berühmte südfranzösische Knoblauchmajonäse Aioli mit einem kalt gepressten Olivenöl zubereitet.

Majonäse auf leichte Art
Viel Fett, viel Cholesterin – das sind Gründe, warum Majonäse pur so manchen Fan verloren hat. Doch kann man die Majonäse einfach „leichter" machen, indem man beispielsweise Jogurt, Dickmilch, saure Sahne, Kefir oder Buttermilch darunter rührt. Dieses „Strecken" gibt der Sauce einen angenehm säuerlichen Geschmack. „Gestreckt" wurde bereits früher – meist aus Kostengründen. Man nahm Stärkebrei, Mehlschwitze oder auch Jogurt.

Mit dem Mixer geht es fixer
Anstelle des Schneebesens kann man auch ein Handrührgerät benutzen. Sollte die Majonäse durch das kräftige Aufschlagen zu fest geworden sein, ein wenig heißes Wasser oder heiße Gemüsebrühe darunter rühren. Auch in der Küchenmaschine mit einem Mixaufsatz lässt sich Majonäse zubereiten, allerdings nur dann, wenn das Öl bei laufendem Motor langsam einlaufen kann.

TIPPS ZUM GELINGEN

- *Eine wichtige Voraussetzung für das Gelingen der Majonäse ist, dass Ei und Öl Zimmertemperatur haben. Nur dann lässt sich das Öl gut zerschlagen.*

- *Das Eigelb muss zuerst gut aufgeschlagen sein, damit der Emulgator wirken kann.*

- *Das Öl darf anfangs nur ganz langsam dazugegeben werden, damit es gut in Tröpfchen zerschlagen werden kann. Gibt man zu viel auf einmal zu, trennen sich Fett- und Wasseranteil wieder.*

- *Eine Majonäse, die sich einmal getrennt hat, lässt sich retten, indem man ein weiteres Eigelb aufschlägt und die getrennte Majonäse langsam darunter rührt.*

Knoblauch-Kartoffel-Sauce

- 2 kleine Kartoffeln (80 g)
- 4 große frische Knoblauchzehen
- 1 Prise Meersalz
- 1 kleines Eigelb (Zimmertemperatur)
- 75 ml kalt gepresstes Olivenöl (Zimmertemperatur)
- frisch gemahlener Pfeffer
- 2 Tl Weißweinessig

1. Die Kartoffeln in der Schale weich kochen.

2. In der Zwischenzeit die Knoblauchzehen schälen und zusammen mit dem Salz in einem Mörser zerreiben.

3. Das Eigelb darunter rühren und alles sehr gut mischen.

4. Langsam das Öl in ganz kleinen Mengen dazugeben und dabei ständig mit dem Stößel des Mörsers rühren. Das Eigelb muss das Öl genauso wie bei der Majonäse aufnehmen.

5. Die gekochten Kartoffeln schälen und etwas abkühlen lassen. Dann durch eine Kartoffelpresse zur Knoblauchmajonäse drücken. Alles gut mischen.

6. Die Knoblauchsauce mit 4 Esslöffeln Wasser verrühren und mit Salz, Pfeffer und dem Essig abschmecken.

Passt zu
- *Grillfleisch und Grillfisch.*
- *geröstetem Brot.*

TIPPS

Diese Knoblauchsauce ähnelt der südfranzösischen Aioli, deren Basis aber ganz aus Majonäse besteht. Auch eine leichtere Variante aus Kartoffeln kennt man im Süden Frankreichs. Das Rezept hier ist eine Mischung aus beiden Varianten. Die Sauce hat so die cremige Konsistenz der Majonäse, wird aber durch die Kartoffel nicht so fettreich.

Die Qualität der Sauce steht und fällt mit der Qualität der verwendeten Knoblauchzehen. Nehmen Sie nur frischen, saftigen Knoblauch. Alte Zehen, die in der Mitte bereits auskeimen, schmecken zu streng und sind deshalb nicht mehr geeignet.

Kräutermajonäse

- 5 Stängel Blattpetersilie
- 30 große Blätter Zitronenmelisse
- 40 Estragonblättchen
- 1 Kästchen Kresse
- 10 Pfefferminzblättchen
- 1/2 Bund Schnittlauch
- 250 g Majonäse
- 2 El Zitronensaft
- Jodsalz
- frisch gemahlener schwarzer Pfeffer

1. Die Kräuter kalt abspülen und gut trockentupfen. Grobe Stiele entfernen und die Kräuter im Mixer hacken. Den Schnittlauch fein schneiden.

2. Majonäse, Kräuter und Zitronensaft miteinander verrühren. Anschließend das Ganze mit Salz und Pfeffer abschmecken.

Passt zu
- *Fisch, gedünstet, gebraten oder gegrillt.*
- *Meeresfrüchten, gekocht oder gegrillt.*
- *Fleisch, gegrillt.*
- *Pommes frites.*
- *Eiern, gekocht.*

Paprikamajonäse

1/2 Zwiebel
40 g rote Paprikaschote
1/2 frische scharfe, rote Peperoni
4 El Weißwein
100 g Majonäse
50 g fettarmer Jogurt
5 Zweige Blattpetersilie
1 El Weißweinessig
reichlich frisch gemahlener schwarzer Pfeffer
1 Tl grober Senf

1. Die Zwiebel schälen. Die Paprikaschote und die Peperoni putzen, waschen und die Kerne entfernen.

2. Zwiebel, Paprikaschote und Peperoni in sehr kleine Würfel schneiden und zusammen mit dem Weißwein im geschlossenen Topf etwa 5 Minuten dünsten.

3. Anschließend den Deckel abnehmen und die Flüssigkeit verdampfen lassen.

4. Das Gemüse kalt werden lassen.

5. Die Majonäse und den Jogurt verrühren. Die Petersilie waschen, trockentupfen und fein hacken.

6. Das Gemüse und die Petersilie unter die Jogurtmajonäse rühren und die Sauce mit Essig, Pfeffer und Senf abschmecken.

Passt zu
- *Grillfleisch.*
- *Fisch, gegrillt, gedünstet oder zu gebackenem Fischfilet.*
- *Gemüsesticks, als Dip.*
- *Frikadellen.*
- *Pommes frites*

„Fingerfood" ist nicht nur in, sondern macht in geselliger Runde auch viel Spaß. Reichen Sie zu Gemüsesticks verschiedene Saucen.

Kräuterremoulade

1 kleine Gewürzgurke
gut 1/2 El eingelegte Kapern
200 g Majonäse
150 g saure Sahne
1 Tl scharfer feiner Senf
1 Tl grobkörniger süßer Senf
1/4 Tl Sardellenpaste
1 1/2 El fein gehackter Kerbel
1 El fein geschnittener Schnittlauch
1/2 El fein gehackter Estragon
1/2 El fein gehackte Blattpetersilie

TIPP

Die frischen Kräuter können nach eigenen Geschmacksvorlieben und dem Angebot der Saison ausgetauscht werden.

1. Die Gurke und die Kapern ganz fein hacken. Die Majonäse zunächst mit der Sahne, dem Senf und der Sardellenpaste glatt rühren.

2. Nach und nach alle übrigen Zutaten darunter rühren. Die Remoulade abdecken und 2 Stunden an einem kühlen Ort durchziehen lassen.

Variation

Nach diesem Rezept lässt sich auch eine reine Petersilienremoulade zubereiten. Anstelle der gemischten Kräuter einfach 2 Esslöffel fein gehackte Blattpetersilie verwenden.

Passt zu

- *Fisch.*
- *Meeresfrüchten, gekocht oder gegrillt.*
- *Eiern, hart gekocht.*
- *Fleisch, gegrillt oder kaltem Bratenaufschnitt.*
- *Geflügel, gegrillt oder kalt aufgeschnitten.*
- *Pommes frites.*

Senfmajonäse

1 mittelgroßer Apfel (ca. 200 g)
1/2 kleine Zwiebel
Saft von 1 Zitrone
2 El scharfer Senf
100 g Majonäse
2 El fettarmer Jogurt
1 Tl Kapern
reichlich frisch gemahlener Pfeffer

1. Den Apfel und die Zwiebel schälen. Beides auf einer Rohkostreibe fein reiben und sofort mit dem Zitronensaft mischen, weil der Apfel sich sonst braun verfärbt.

2. Den Senf, die Majonäse und den Jogurt miteinander verrühren.

3. Das Apfel-Zwiebel-Püree und die Kapern unter die Sauce ziehen und mit Pfeffer kräftig abschmecken.

Passt zu

- *Fisch, gegrillt, gedünstet oder paniert.*
- *Gemüsesticks, als Dip.*
- *Frikadellen.*

Kerbel-Knoblauch-Creme

4 Knoblauchzehen
1 Prise Jodsalz
2 El fein gehackter Kerbel
2 El Majonäse
2 El fettarmer Jogurt
frisch gemahlener Pfeffer
1 Tl scharfer Senf
1 Tl Weißweinessig

1. Die Knoblauchzehen schälen, fein hacken oder durch die Presse drücken und mit dem Salz zu einer Paste verreiben.

2. Den Knoblauch und den Kerbel zusammen mit der Salatcreme und dem Jogurt verrühren.

3. Die Creme mit Pfeffer, Senf und Essig pikant abschmecken.

Variation

Ersetzen Sie den Kerbel durch Zitronenmelisse oder Sauerampfer.

Passt zu

- *Rind- oder Schweinefleisch, gegrillt oder gebraten.*
- *Fleischfondue.*
- *Sandwich. Hier kann die Creme anstelle der Butter genommen werden.*

Meerrettich-Orangen-Majonäse

1 Orange
250 g Majonäse
1 1/2 El Meerrettich aus der Tube
1 Msp. Cayennepfeffer

1. Die Orange auspressen. Es werden maximal 100 ml Saft benötigt.

2. Die Majonäse zusammen mit dem Saft glatt rühren. Meerrettich und Cayennepfeffer darunter rühren.

Passt zu

- *Fisch, gedämpft, gebraten, gekocht oder gegrillt.*
- *Meeresfrüchten, gekocht oder gegrillt.*
- *Rinderbraten, kalt aufgeschnitten.*

TIPP

Meerrettich-Orangen-Majonäse gibt ein prima Salatdressing. Man benötigt dazu nur ein halbes Rezept.

Dressings selbst gemacht

Ohne Sauce kein Salat

Drei Grundsorten mit Variationen

Eine Mischung aus verschiedenen Salatblättern oder Gemüsestückchen gäbe keinen Salat, wenn nicht das Dressing wäre. Erst die Salatsauce verbindet die einzelnen Komponenten zu einem harmonischen Ganzen, ohne sie geschmacklich oder optisch in den Hintergrund treten zu lassen.

Jede Saucenart hat ihre Anhänger, die darauf schwören, den Salat mit der „einzig wahren" Sauce anzumachen. Dabei lohnt es sich, über den Rand der Salatschüssel zu schauen und auf kulinarische Entdeckungsreise zu gehen. Denn bei der großen Vielfalt der verschiedenen Saucensorten kann der eine oder andere neue Favorit dabei sein, der den Lieblingssalat noch besser zu Geltung bringt.

Die Zutat macht's

Je nach verwendeten Zutaten lassen sich drei Salatsaucenarten unterscheiden:

- *Essig-Öl-Saucen;*
- *Saucen auf Majonäsebasis;*
- *Saucen mit Jogurt, Frischkäse oder einem anderen Milchprodukt.*

Eine Salatsauce schmeckt fast immer säuerlich-pikant – sieht man von den Saucen für Obstsalate ab.

Hinweise zu den Rezepten

Die Mengen

Unsere Rezepte gelten in der Regel für einen Salat für vier Personen. Bei einem Blattsalat heißt das ein großer Kopf von etwa 250 Gramm, bei einem Rohkostsalat etwa vier mittelgroße Möhren (300 bis 400 Gramm), bei einem Gemüsesalat etwa 600 Gramm und bei einem Kartoffelsalat bis zu 1 Kilogramm.

Die Haltbarkeit

Wer aus Zeitgründen größere Mengen Dressing auf Vorrat herstellen möchte, kann dies problemlos tun. Die Dressings müssen dann luftdicht verschlossen im Kühlschrank aufbewahrt werden. Einfache Vinaigrettes ohne frische Gemüse- oder Fruchtzutaten halten sich ein bis zwei Wochen. Dressings auf Majonäse- oder auf Jogurtbasis sollten innerhalb von vier bis fünf Tagen aufgegessen sein.

TIPP FÜRS BÜRO

Das Dressing für die ganze Woche vorbereiten und im Bürokühlschrank aufbewahren. Dann braucht man nur noch das geputzte Salatgemüse mitzubringen und kann es kurz vor der Pause am Arbeitsplatz mit dem Dressing mischen.

Bevor man die Salatsauce verwendet, wird sie noch einmal kräftig durchgeschüttelt oder durchgerührt, damit sich die Zutaten wieder gut vermischen. Das ist besonders bei einer Vinaigrette sehr wichtig.

So bleiben die meisten Vitamine im Salat

Licht, Luft, Wasser und Wärme machen Vitaminen den Garaus. Je länger die Zutaten für einen Salat damit in Berührung kommen, desto vitaminärmer werden sie. Deshalb:

- ❑ Frische Salatzutaten verwenden.
- ❑ Vorrat für ein paar Tage hält sich gut verpackt im Gemüsefach des Kühlschranks.
- ❑ Dressing vor dem Waschen des Salats zubereiten.
- ❑ Die Blätter oder das Gemüse im Ganzen waschen. Wenn sie roh verwendet werden, gut trockentupfen oder -schleudern.
- ❑ Erst ganz kurz vor dem Servieren die Blätter zerkleinern oder das Gemüse raspeln und mit der Salatsauce mischen.

Mit selbst gemachten Kräuterölen und Gewürzessigen geben Sie Ihren Dressings eine ganz persönliche Note.

Rezepte

Vinaigrette

Meersalz oder Jodsalz
1 El Weißwein- oder Rotweinessig
frisch gemahlener Pfeffer
3 El kalt gepresstes Öl

1. Etwas Salz zusammen mit dem Essig in eine Schüssel geben und so lange verrühren, bis sich das Salz aufgelöst hat.

2. Etwas Pfeffer dazugeben und das Öl kräftig darunter schlagen.

Passt zu
- *Blattsalaten aller Art.*
- *Salaten aus gekochtem Gemüse aller Art.*

Variationen
Die Vinaigrette lässt sich nach Belieben leicht abwandeln. Zum Beispiel kann man eine klein gehackte Schalotte beziehungsweise Zwiebel oder eine fein gehackte Knoblauchzehe unterrühren.

Schlanke Vinaigrette
Wer Fett sparen will, kann die Vinaigrette strecken. Nehmen Sie dann nur 1 Esslöffel Öl und geben Sie 2 bis 3 Esslöffel einer guten Fleisch- oder Gemüsebrühe dazu.

Welcher Essig, welches Öl?
Durch die Verwendung verschiedener Essige und Öle kann man immer wieder andere Vinaigrettes mischen. Sehr beliebt ist in Deutschland, wie der enorm gestiegene Absatz des Essigs aus Italien zeigt, die Kombination von Aceto balsamico und Olivenöl. In Italien dagegen nimmt man für Salat den klassischen Weinessig. Wer gerne Salat isst, sollte einen Rot- und einen Weißweinessig, ein kalt gepresstes Olivenöl, ein Nussöl sowie ein „neutrales" Öl im Hause haben.

Auf der folgenden Seite finden Sie einige Vorschläge, welche Essige und welche Öle besonders gut harmonieren:

TIPPS FÜRS GELINGEN

Das Geheimnis dieser Salatsauce liegt im ausgewogenen Verhältnis von Essig zu Öl. Betrachten Sie unser Verhältnis von 3:1 als Richtwert. Falls Sie mehr Säure wünschen oder einen milden Essig haben, nehmen Sie einfach etwas mehr Essig. Ganz ähnlich wie die Vinaigrette sieht die Salatsauce in Italien oder Spanien aus. Meist stellt man dort die einzelnen Zutaten einfach auf den Tisch, so dass jeder seinen Salat persönlich anmachen kann.

TIPP

Als Gewürze reichen zu den Vinaigrettes frisch gemahlener Pfeffer und Jodsalz.

Essigsorte + Ölsorte
→ Passt zu einem Salat aus

Himbeeressig + Olivenöl
→ *Lollo rosso, Steinpilzen und Schalotten*

Aceto balsamico + Olivenöl
→ *Radicchio, Rauke, Tomate und Basilikumblätter*

Balsamico bianco + Olivenöl
→ *rohem Spargel, Kresse und etwas Räucherlachs*

Johannisbeeressig + Weizenkeimöl
→ *Feldsalat mit Knoblauchcroûtons*

Weißweinessig + Sonnenblumenöl
→ *grüner Salat, Radieschen und Frühlingszwiebeln*

Weißweinessig + Traubenkernöl
→ *Friséesalat, Weintrauben und Champignons*

Rotweinessig + Walnussöl
→ *Endiviensalat, Birnen, Nüssen und Entenbrust*

Apfelessig + Weizenkeimöl
→ *Pflücksalat, Sauerampfer und Blüten von Gänseblümchen*

Apfelessig + Kürbiskernöl
→ *Kartoffeln, weißen Bohnen und roten Paprika*

Apfelessig + Sonnenblumenöl
→ *Friséesalat, Apfelwürfel und fein gehackte Walnüsse*

Estragonessig + Olivenöl
→ *geraspelten Möhren und Topinambur*

Kräuteressig + Olivenöl
→ *Feldsalat oder Endiviensalat*

Sherryessig + Olivenöl
→ *Endiviensalat und fein gehobelter Parmesankäse*

Reisessig + Sesamöl
→ *gekochten Möhren und Kohlrabi sowie Rettichsprossen*

Senfvinaigrette

2 Tl Dijon-Senf
Jodsalz oder Meersalz
frisch gemahlener schwarzer Pfeffer
1 Schalotte
3 El kalt gepresstes Olivenöl
1 1/2 El Rotweinessig

1. Den Senf mit etwas Salz und Pfeffer verrühren.

2. Die Schalotte schälen und sehr fein hacken. Anschließend zum Senf geben.

3. Das Olivenöl zum Senf geben und alles zu einer sämigen Sauce verrühren.

4. Zum Schluss den Essig darunter rühren.

Passt zu

- *Blattsalaten aller Art.*
- *Chinakohl oder rohem Wirsing.*
- *Roten Beten, roh und fein geraspelt oder gekocht und in schmale Stifte geschnitten. Die Vinaigrette wird unter die noch warmen Roten Beten gemischt und der Salat lauwarm serviert.*
- *Lauchstreifen, die vorher gedünstet werden.*
- *Schwarzwurzeln, gedünstet.*

Kräutervinaigrette

Jodsalz
1 El Weißwein- oder Rotweinessig oder Aceto balsamico
frisch gemahlener schwarzer Pfeffer
3 El kalt gepresstes Olivenöl
1 El fein geschnittene Kräuter (Schnittlauch, Basilikum, Zitronenmelisse, Pfefferminze, Sauerampfer oder Brunnenkresse)

1. Etwas Salz zusammen mit dem Essig in eine Salatschüssel geben. Beides so lange verrühren, bis das Salz sich aufgelöst hat.

2. Etwas Pfeffer dazugeben. Das Öl kräftig darunter rühren.

3. Kurz bevor der Salat angemacht werden soll, die Kräuter mit der Vinaigrette verrühren.

Passt zu

- *Blattsalaten, gleich welche Sorte.*

TIPPS

Je intensiver ein Kraut schmeckt, desto geringer sollte die Dosierung sein. Ob Sie von dem einen oder anderen Kraut mehr oder auch weniger verwenden, hängt letztendlich von Ihren Geschmacksvorlieben ab.

Zu einer leckeren Kräutervinaigrette passen immer einige Blüten der Gänseblume oder der Borretschpflanze. Einfach über den fertigen Salat geben.

Himbeervinaigrette

1 El Weißweinessig
Jodsalz
frisch gemahlener schwarzer Pfeffer
60 g frische Himbeeren, ersatzweise Tiefkühlprodukt
2 El Sojaöl

1. Den Essig zusammen mit Salz und Pfeffer verrühren und abschmecken. Die Beeren zerstampfen, durch ein feines Sieb streichen und mit dem Essig verrühren.

2. Das Öl kräftig unter das Dressing rühren. Das Ganze gegebenenfalls nochmals abschmecken.

Passt zu

- *Blattsalaten. Frisches Obst wie Birne, Apfel, Orange oder Mango sowie Nüsse harmonieren mit diesem Dressing. Sie können den Salaten je nach Saison beigemischt werden.*
- *Es passt besonders gut zu Blattsalaten mit kurz gebratenen Innereien oder Geflügelbrustfiletstücken.*

TIPP

Das Benetzen der Apfelwürfel mit dem Essig verhindert, dass sie sich braun verfärben.

Apfelvinaigrette

Jodsalz
1 El Apfelessig
1 El naturtrüber Apfelsaft
frisch gemahlener schwarzer Pfeffer
1/2 kleiner säuerlicher Apfel
3 El kalt gepresstes Sonnenblumenöl
1 El fein gehackte Walnusskerne

1. Etwas Salz in eine Salatschüssel geben und zusammen mit dem Essig und dem Saft so lange verrühren, bis das Salz sich aufgelöst hat.

2. Etwas Pfeffer dazugeben und das Ganze abschmecken. Den Apfel schälen, entkernen, in ganz feine Würfel schneiden und sofort mit dem Essig-Saft-Gemisch verrühren.

3. Das Öl zusammen mit den gehackten Walnüssen darunter rühren.

Variation

Je nach Jahreszeit können anstelle des Apfels auch Pfirsiche und Pfirsichsaft genommen werden.

Passt zu

- *Blattsalaten aller Art. Versuchen Sie es auch einmal zu kräftigen Sorten wie junger Spinat, Endivie, Eichblattsalat, Frisée oder Feldsalat.*

Holundervinaigrette

Jodsalz oder Meersalz
2 El Holunderessig oder Rotweinessig
2 El Holundernektar oder Holundersaft
2 El kalt gepresstes Olivenöl
frisch gemahlener Pfeffer

1. Etwas Salz zusammen mit dem Essig und dem Holundersaft so lange verrühren, bis es sich aufgelöst hat.

2. Das Olivenöl darunter schlagen. Die Vinaigrette mit Pfeffer abschmecken.

Passt zu

- *kräftigen Blattsalatsorten, wie Feldsalat, Endiviensalat, Radicchio, Spinatblätter oder Schikoree.*
- *herbstliche Salatkombinationen aus Feldsalat, Birnen, Nüssen und fein gehobeltem Topinambur in einer Holundervinaigrette können zusammen mit hauchdünn geschnittenem Reh- oder Wildschweinschinken ein leichter fruchtiger Auftakt für ein Menü sein.*

Honigvinaigrette

1 Tl scharfer Senf (z. B. Dijonsenf)
2 El Weißweinessig
2 El Sojaöl oder ein anderes neutrales Öl
2 Tl Honig
frisch gemahlener Pfeffer
Meersalz oder Jodsalz
1/4 Tl Anissamen
1/2 rote Zwiebel

1. Senf, Essig, Öl und Honig gut verrühren.

2. Die Senfsauce mit etwas Pfeffer und Salz abschmecken und den Anis dazugeben.

3. Die Zwiebel schälen und in feine Würfel schneiden. Die Zwiebelwürfel unter die Senfvinaigrette rühren.

Passt zu

- *Salaten aus gekochtem Gemüse, zum Beispiel rote Beten, Möhren, Bohnen, Kohlrabi oder Kürbis.*

TIPP

Nehmen Sie für die Honigvinaigrette keinen zu kräftigen Honig, sondern eher eine milde Sorte, wie Blütenhonig. Honige, die beispielsweise von Kräuterpollen stammen, passen nicht zu allen Gemüsearten und dominieren sonst den Geschmack der Sauce.

Sesam-Ingwer-Vinaigrette

½ - 1 cm frischer Ingwer
2 El Reisessig oder Sushiessig
1 El Sesamöl
1 El neutrales Öl
Jodsalz oder Meersalz
1 Msp. Sambal oelek
1 El fein gehackte Petersilie

1. Die Ingwerknolle schälen und sehr fein hacken.

2. Den Ingwer, den Essig und das Öl verrühren.

3. Die Sauce mit etwas Salz und Sambal abschmecken und die Petersilie dazugeben.

Variation
Ersetzen Sie den Sambal oelek durch eine frisch gehackte und entkernte Chilischote.

Passt zu
• Salat aus gekochtem Gemüse, wie zum Beispiel Sellerie, Möhren, Roten Beten, Kürbis.
• Kohlsalaten aus Weißkohl, Rotkohl, Chinakohl oder Wirsing. Der Kohl sollte allerdings mit der Vinaigrette vermischt 2 Stunden durchziehen.
• Kohlrabirohkost.
• Salat aus Sprossen.
• Auch ein Salat aus Zuckerschoten, Frühlingszwiebeln und kurz gebratenem Hähnchenfleisch harmoniert mit dieser durch die asiatische Küche beeinflussten Vinaigrette.

Vinaigrette mit Walnuss

4 Walnüsse
Jodsalz
2 El Weißwein- oder Rotweinessig
1 El Ahornsirup
frisch gemahlener schwarzer Pfeffer
3 El kalt gepresstes Walnussöl

1. Die Nüsse knacken. Die Kerne säubern, hacken und anschließend in einem Mörser fein zerreiben.

2. Etwas Salz zusammen mit dem Essig und dem Sirup in eine Salatschüssel geben. Alles so lange verrühren, bis das Salz sich aufgelöst hat.

3. Etwas Pfeffer dazugeben und das Ganze abschmecken. Das Öl zusammen mit den Nüssen darunter rühren.

Variation
Statt Weißwein- oder Rotweinessig sollten Sie es einmal mit einem Holunderessig probieren.

Passt zu
• Blattsalaten aller Art. Besonders gut harmoniert die Vinaigrette mit nussigen Sorten – zum Beispiel Feldsalat oder Frisée.
• Gut eignen sich Salate, zu denen kurz gebratene Innereien vom Wild oder Wildgeflügel gegessen werden.

Peperonivinaigrette

je $^1/_4$ milde grüne und milde rote Peperoni
$^1/_2$ kleine Zwiebel
1 Knoblauchzehe
6 grüne Oliven ohne Kern
Meersalz oder Jodsalz
frisch gemahlener schwarzer Pfeffer
1 Tl mildes Paprikapulver
6 El kalt gepresstes Olivenöl
2 El Sherryessig
$^1/_2$ Bund Blattpetersilie

1. Die Peperoni waschen, putzen und in sehr kleine Würfel schneiden.

2. Die Zwiebel und die Knoblauchzehe schälen. Zwiebel, Knoblauch und Oliven fein hacken.

3. Die Peperoni, die Zwiebel, den Knoblauch und die Oliven in eine große Schüssel geben. Etwas Salz und Pfeffer und das Paprikapulver hinzufügen und das Ganze grob miteinander vermengen.

4. Das Olivenöl und den Essig darunter rühren.

5. Zum Schluss die Petersilie kalt abspülen, mit Küchenkrepp trockentupfen, fein hacken und unter die Vinaigrette rühren.

Passt zu
- *Kartoffelsalat.*
- *Reissalat.*
- *Geflügelsalat aus gekochtem oder gebratenem Hähnchenfleisch.*

TIPPS

Das Paprikapulver hinterlässt beim ersten Abschmecken der Vinaigrette einen leicht „mehligen" Geschmack. Dies verliert sich jedoch, wenn der Paprika aufquillt und sich mit dem Öl und dem Essig verbindet. Deshalb sollte die Vinaigrette vor dem Servieren $^1/_2$ bis 1 Stunde durchziehen.

Sollten Sie keine milden Peperoni bekommen, nehmen Sie ein kleines Stück Paprikaschote.

Peperoni verleihen einer Vinaigrette gehörigen Pfiff.

Zitrussaft-Vanille-Dressing

TIPP

Statt „frischer" Vanille können Sie eine entsprechende Menge gemahlene Vanille nehmen.

1 Orange
1 kleine Zitrone
1 Vanilleschote
Meersalz
frisch gemahlener weißer Pfeffer
1 El kalt gepresstes Sonnenblumenöl
2 Tl fein gehackte Pfefferminze

1. Die Zitrusfrüchte auspressen. Die Vanilleschote aufschlitzen, das Mark mit einem Messer herauskratzen und zusammen mit den Säften verrühren.

2. Das Ganze mit Salz und Pfeffer abschmecken und das Öl kräftig darunter schlagen.

3. Die Minze darunter rühren.

Variationen

Statt Pfefferminze passt auch Zitronenmelisse.
Je nach Rohkostzutaten kann auch ein Esslöffel gehackte Walnüsse, Haselnüsse oder Erdnüsse zum Dressing gegeben werden. Auf die Vanille sollte dann allerdings verzichtet werden, da ihr feines Aroma gegen die Nüsse keine Chance hätte.

Passt zu

- *Karottenrohkost mit Apfel oder Birne. Für diesen Klassiker ist das fruchtige Dressing wie geschaffen.*
- *Rohkost aller Art. So zum Beispiel aus Kohlrabi, Zucchini, Topinambur, Lauch, Bleichsellerie oder Schikoree. Am besten schmeckt es, wenn alles ganz fein geschnitten ist.*
- *Salaten aus gekochtem Spargel.*

Warmes Kartoffeldressing

250 g kleine Kartoffeln
100 ml heiße kräftige Gemüsebrühe oder Fleischbrühe
80 g saure Sahne
Jodsalz
grob gemahlener bunter Pfeffer, ersatzweise schwarzer Pfeffer
1 Tl fein gehackter Thymian

1. Die Kartoffeln waschen und als Pellkartoffeln garen. Für das Dressing müssen sie sehr weich sein.

2. Die Kartoffeln noch heiß pellen und durch eine Kartoffelpresse geben. Das Mus mit der Gemüsebrühe und der Sahne zu einer glatten Sauce verrühren.

3. Alles mit etwas Salz und Pfeffer abschmecken. Den Thymian darunter rühren und das Dressing löffelweise über den angerichteten Salat geben.

Variationen

Wünschen Sie eine andere Geschmacksrichtung? Nichts einfacher als das: tauschen Sie den Thymian gegen 1 Esslöffel Schnittlauchröllchen oder 1 Esslöffel fein gehackte Petersilie oder 1 gepresste Knoblauchzehe oder 2 Esslöffel gedünstete Zwiebelwürfel aus.

Passt zu

- *Feldsalat.*
- *kräftigen Blattsalaten wie Eichblattsalat, Endivie, Spinat oder Frisée.*
- *Rohkost aller Art.*

Einfaches Jogurtdressing

150 g Naturjogurt
2 - 3 El süße Sahne
2 El milder Weinessig
Jodsalz oder Meersalz
frisch gemahlener Pfeffer

1. Den Jogurt und die Sahne mit einem Schneebesen cremig aufschlagen.

2. Die Sauce mit Essig, Salz und Pfeffer anschließend pikant abschmecken.

Variationen

Wer auf seine Figur und deshalb auf die Fettzufuhr achtet, kann einen fettarmen Jogurt und anstelle der Sahne etwas gute Brühe oder Fond nehmen. Geschmacklich lässt sich die Sauce durch gehackte Kräuter, Senf, eine Prise Curry, etwas geriebenen Meerrettich, fein gehackte Zwiebeln oder einen Hauch Tomatenketchup verändern. Etwas süßen kann man sie mit Honig oder Ahornsirup.

Passt zu

- *Blattsalaten aller Art.*
- *Gemüsesalaten aller Art.*

TIPP

Für das Jogurtdressing sollte der Essig nicht zu sauer, sondern eher mild und vor allem hell sein. Dunkle Essige verfärben das Dressing, und es sieht dann unappetitlich aus. Ideal ist neben dem klassischen Weißweinessig der milde Apfelessig.

Minz-Jogurt-Dressing

2 El fettarmer Naturjogurt
2 El saure Sahne
6 Blätter Pfefferminze
1/2 TL getrocknete rosa Pfefferkörner
1 Frühlingszwiebel
Saft von 1/2 Zitrone
Jodsalz oder Meersalz
1 Prise Zucker

TIPP

Das Minz-Jogurt-Dressing eignet sich vorzüglich für heiße Sommertage, denn die Minze sorgt dabei für einen erfrischenden Geschmack.

1. Den Jogurt und die saure Sahne verrühren.

2. Die Minzblätter kalt abspülen, trockentupfen und fein hacken. Die Minze zur Jogurtsahne geben.

3. Die Pfefferkörner in einem Mörser grob zerstoßen und ebenfalls dazu geben.

4. Die Frühlingszwiebel putzen und in feine Ringe schneiden.

5. Die Zwiebel und den Zitronensaft unter das Dressing rühren und es abschließend mit etwas Salz und Zucker abschmecken.

Passt zu

- *Gurkensalat.*
- *Zucchini, entkernt und fein gehobelt.*
- *Champignons, in Scheiben geschnitten.*
- *Schwarzwurzeln, gedünstet.*
- *Auberginen, gebraten oder gegrillt.*

Frischkäsedressing

50 g Frischkäse
Saft von 1/2 Orange
Saft von 1/2 Zitrone
2 Tl gemahlene Mandeln
1/2 Tl Senfpulver
Jodsalz oder Meersalz
frisch gemahlener schwarzer Pfeffer
1/2 Kästchen Kresse

1. Den Frischkäse mit dem Orangensaft, dem Zitronensaft und den Mandeln verrühren.

2. Die Sauce mit Senfpulver, etwas Salz und Pfeffer pikant abschmecken.

3. Die Kresse abschneiden, kurz abbrausen und unter die Sauce rühren.

Variationen

- *Wer auf seine Figur achten mag, der sollte einen fettarmen Frischkäse wählen.*
- *Anstelle der Kresse passt auch Schnittlauch.*

Passt zu

- *Blattsalaten aller Art, besonders zu den festeren Sorten wie Eisbergsalat, Schikoree oder römischer Bindesalat.*
- *Sellerie, roh und fein geraspelt.*
- *Roten Beten, roh und fein geraspelt.*
- *Topinambur, in sehr dünne Scheiben geschnitten.*

Dill-Sahne-Dressing

150 g saure Sahne
1/2 geriebene Schalotte
1 Tl grobkörniger mittelscharfer Senf
1/4 Tl Jodsalz
1 Msp. Cayennepfeffer
reichlich frisch gemahlener schwarzer Pfeffer
6 kleine Zweige Dill

1. Sahne, Schalotte, Senf, Salz und Gewürze gut miteinander verrühren und das Dressing abschmecken.

2. Den Dill kalt abspülen und gut trockentupfen. Die groben Stiele entfernen, das übrige Grün fein schneiden und unter das Dressing rühren.

Variation
Wenn Sie mögen, können Sie das Dressing auch mit etwas mildem Currypulver würzen.

Passt zu
- *Gemüsesalaten, vor allem aber zu Gurkensalat.*
- *Kopfsalat und anderen zarten, grünen Blattsalaten.*
- *Kartoffelsalat, der zu Fisch gereicht werden soll, kann ebenfalls damit angemacht werden. Für rund 800 g Kartoffeln benötigen Sie das doppelte Dressingrezept.*
- *warmem Krautsalat. Das Kraut sollte gegebenenfalls blanchiert werden.*

Ziegenkäsedressing

100 g Ziegenfrischkäse
100 ml frisch gepresster Orangensaft
Jodsalz
frisch gemahlener schwarzer Pfeffer
1/2 Tl getrocknete rote Pfefferkörner
1/2 El fein gehackte Pfefferminze

1. Den Frischkäse zusammen mit dem Saft kräftig aufschlagen. Das Ganze mit etwas Salz und Pfeffer abschmecken.

2. Die Pfefferkörner im Mörser leicht zerstoßen und zusammen mit der Minze unter das Dressing rühren.

Passt zu
- *Blattsalaten aller Art. Versuchen Sie es auch einmal zu kräftigen Sorten wie jungem Spinat, Eichblattsalat oder Feldsalat.*

TIPP

Das Dill-Sahne-Dressing kann auch mit 1 Teelöffel getrockneten Dillspitzen oder 1 Esslöffel Tiefkühldill zubereitet werden. Allerdings verleiht ihm frischer Dill ein weitaus feineres Aroma.

Roquefortdressing

50 g Roquefort
3 El süße Sahne
Saft von 1 Orange
1 Tl Sherryessig
1 kleine Knoblauchzehe
2 Tl getrocknete rosa Pfefferkörner

1. Den Roquefort mit der Gabel zerdrücken und mit der Sahne verrühren.

2. Den Orangensaft und den Sherryessig darunter rühren.

3. Die Knoblauchzehe schälen und fein hacken. Die Pfefferkörner im Mörser etwas zerstoßen.

4. Knoblauch und Pfefferkörner unter das Dressing rühren.

Passt zu
- *Kräftigen Blattsalaten, wie Radicchio, Schikoree, Spinat oder Endiviensalat.*
- *Gurkensalat.*
- *Zucchini, entkernt und fein gehobelt.*

TIPP

Der Roquefort ist ein französischer Blauschimmelkäse aus Schafmilch. Man kann ihn durch einen Edelpilzkäse aus Kuhmilch ersetzen, allerdings sollte dieser kräftig im Geschmack sein.

Jogurt-Senf-Dressing mit Apfel

1/2 säuerlicher Apfel
1 El Zitronensaft
200 g Naturjogurt
2 Tl grobkörniger mittelscharfer Senf
1 Tl flüssiger Honig
1/4 Tl Jodsalz
frisch gemahlener Pfeffer
1 Msp. edelsüßes Paprikapulver

1. Den Apfel schälen, das Kerngehäuse sorgfältig entfernen und das Fruchtfleisch in sehr feine Würfel schneiden. Würfel in dem Zitronensaft wenden.

2. Alle übrigen Zutaten miteinander verrühren und das Dressing abschmecken. Zum Schluss den Apfel darunter heben.

Variationen
Anstelle des Apfels können 1/2 Birne, 1/2 Banane, 1 große Aprikose oder einige halbierte, kernlose Trauben genommen werden.

Passt zu
- *Gemüsesalaten und Rohkostgerichten.*
- *Das Dressing harmoniert besonders gut mit Sprossen und Keimen von zum Beispiel Rettich, Radieschen, Alfalfa, Sonnenblumen oder Weizen.*
- *Blattsalaten, gleich welche Sorte.*

Bananen-Jogurt-Dressing

1 kleine reife Banane (ca. 125 g)
2 El Zitronensaft
125 g Naturjogurt
etwas Jodsalz
frisch gemahlener schwarzer Pfeffer
1 Prise gemahlener Koriander
reichlich mildes Currypulver

1. Die Banane schälen, klein schneiden, mit dem Zitronensaft beträufeln und zusammen mit dem Jogurt im Mixer pürieren.

2. Das Dressing mit Salz, Pfeffer, Koriander und Currypulver abschmecken.

Passt zu
- *Rote-Bete-Rohkost oder Rote-Bete-Salat aus gekochten Beten.*
- *Rohkost aus Kohlrabi und säuerlichem Apfel.*
- *Sauerkrautrohkost mit gekochter Ananas.*
- *Lauchsalat. Ist der Lauch sehr scharf, sollte er blanchiert werden.*
- *Schikoreesalat mit Grapefruitfilets.*
- *Endivien mit Apfelstücken und gehackten Walnüssen.*

TIPP

Ob Sie scharfen oder milden, viel oder wenig Curry nehmen, richtet sich nach Ihrem persönlichen Geschmack.

Oliven-Zitronen-Dressing

1 kleiner Stängel Bleichsellerie
1 grüne milde Peperoni
6 große grüne, ungefüllte Oliven
½ Zwiebel
Saft von 2 Zitronen
4 El kalt gepresstes Olivenöl
Meersalz oder Jodsalz
frisch gemahlener Pfeffer

1. Den Bleichsellerie putzen, die Peperoni entkernen und beides quer in sehr feine Scheiben schneiden.

2. Die Oliven quer in Scheiben schneiden. Die Zwiebel schälen, vierteln und die Viertel in hauchdünne Scheiben schneiden oder hobeln.

3. Bleichsellerie, Peperoni, Oliven und Zwiebeln in eine Schüssel geben und mit dem Zitronensaft und dem Olivenöl mischen.

4. Die Sauce mit etwas Salz und Pfeffer nach Geschmack würzen.

Passt zu

- *Krustentieren, wie Garnelen, Krevetten, Krabben oder Krebsfleisch. Sie müssen entweder gekocht oder gegrillt und anschließend geschält sein.*
- *Surimi (Krabbenfleischersatz).*
- *Tintenfischfleisch. Entweder kleine ganze Tintenfische oder Tintenfischringe, die beide im Sud gegart sein müssen.*

TIPPS

Die Meeresfrüchte sollten in dem Oliven-Zitronen-Dressing etwa 30 Minuten durchziehen.

Haben Sie eine Gemüsezwiebel im Haus, nehmen Sie ein etwa 3 cm großes Stück davon. Gemüsezwiebeln sind sehr viel milder als normale Küchenzwiebeln und passen gut zum feinen Geschmack der Meeresfrüchte.

Kapern-Kräuter-Sauce

1 Sardellenfilet in Salz
1 hart gekochtes Ei
5 El kalt gepresstes Olivenöl
1 Msp. feiner Senf
1 Tl Kapern
1 Schalotte
2 Zweige Blattpetersilie
1 ½ El Weißweinessig

1. Das Sardellenfilet in warmes Wasser legen und etwa 30 Minuten wässern.

2. Das Ei halbieren, das Eigelb herauslösen, durch ein Sieb streichen und mit dem Olivenöl und dem Senf zu einer sämigen Sauce verrühren.

3. Das Sardellenfilet herausnehmen, mit Wasser abspülen, trockentupfen und fein hacken.

4. Anschließend die Kapern, die geschälte Schalotte, die gewaschenen Petersilien blätter und das Eiweiß sehr fein hacken.

5. Die fein gehackten Zutaten unter die Eisauce heben und sie mit Essig pikant abschmecken.

Variation

Anstelle der Petersilie kann auch Estragon genommen werden oder verwenden Sie Estragonessig – am besten selbst gemachten.

Passt zu

- *Blattsalaten mit festen Salatblättern, wie Eisbergsalat, römischer Bindesalat oder Schikoree.*
- *Schwarzwurzeln, gedünstet. Spargel, gedünstet.*
- *grünen Bohnen, gedünstet.*
- *Lauchstreifen, gedünstet.*

Variation

Ersetzen Sie den Orangensaft durch Ananassaft und schmecken Sie das Dressing zusätzlich mit etwas Kokoscreme ab.

Passt zu

- *Geflügelsalat, aus gekochtem oder gebratenem Geflügelfleisch.*
- *Reissalat.*
- *Nudelsalat.*
- *Salat aus gegartem Fisch oder Meeresfrüchten.*
- *Gemüsesalaten aller Art.*

Currydressing

50 g Majonäse
50 g Naturjogurt
3 El Orangensaft
1 Tl Currypulver
1 Msp. Senfpulver
1 Tl Sojasauce
1 kleine Knoblauchzehe
1 El fein gehackte Blattpetersilie

1. Die Majonäse, den Jogurt und den frisch gepressten Orangensaft verrühren. Mit Curry, Senfpulver und Sojasauce abschmecken.

2. Die Knoblauchzehe schälen und durch eine Knoblauchpresse drücken.

3. Den Knoblauch und die Petersilie unter das Dressing rühren.

Thousand-Island-Dressing

TIPP

Dieses Dressing ist recht gehaltvoll. Sie können einen Großteil der Majonäse durch Jogurt oder saure Sahne ersetzen.

250 g Majonäse
1/2 Tl scharfe rote Tabascosauce
einige Tropfen Worcestersauce
1 Prise gemahlener Piment
Jodsalz
frisch gemahlener schwarzer Pfeffer
1 1/2 El fein gehackte rote Paprikaschote
1 El fein gehackte grüne Paprikaschote
1 El fein gehackte grüne Oliven
2 El fein geschnittener Schnittlauch
1 hart gekochtes Ei

1. Die Majonäse zusammen mit den Würzsaucen verrühren und mit Piment, Salz und Pfeffer abschmecken.

2. Alle übrigen Zutaten darunter rühren. Das Ei pellen, fein hacken und ebenfalls darunter rühren.

Passt zu
- *allen Blattsalaten. Ein halbes Rezept reicht bereits aus.*
- *Kartoffelsalaten.*
- *Nudelsalaten.*
- *Reissalaten.*
- *Salaten aus gedämpftem Gemüse.*
- *Gemüsesticks, als Dip.*

Gemüsebrühedressing für Kartoffelsalat

1 kleine Zwiebel
3 El Weißweinessig
2 Msp. gemahlener schwarzer Pfeffer
300 ml heiße, sehr kräftige Gemüsebrühe
2 El fein geschnittener Schnittlauch

1. Die Zwiebel schälen, fein reiben und zusammen mit dem Essig und dem Pfeffer unter die Brühe rühren.

2. Die vorbereiteten Kartoffeln in nicht zu dicke Scheiben schneiden und eine Schicht in eine Salatschüssel legen. Etwas Dressing darüber gießen.

3. In dieser Weise weiter verfahren, bis alle Kartoffel aufgebraucht sind. Das restliche Dressing gleichmäßig über die Kartoffeln verteilen, den Schnittlauch dazugeben und alles kurz wenden.

4. Die Schüssel abdecken und den Salat an einem kühlen Ort etwa 2 Stunden durchziehen lassen.

Variation

Wer mag, kann zusammen mit dem Schnittlauch noch etwa 2 Esslöffel ausgelassene Dörrfleischwürfel unter den Salat heben.

Klassische Cocktailsauce

80 g Majonäse
50 g süße Sahne
3 El Tomatenketchup
1 El Tomatenmark
Saft von 1/2 Zitrone
5 Spritzer Worcestersauce
1 Prise Cayennepfeffer

1. Die Majonäse, die Sahne, das Tomatenketchup und das Tomatenmark gut verrühren.

2. Die Sauce mit Zitronensaft, Worcestersauce und Cayennepfeffer abschmecken.

Passt zu

- *Eisbergsalat mit Meeresfrüchten.*
- *Salaten aus gedämpftem Gemüse.*
- *Gemüsesticks, als Dip.*
- *Meeresfrüchten, gekocht oder gegrillt.*

TIPP

Das Gemüsebrühedressing reicht für 1,5 kg Kartoffeln. Das ergibt etwa 8 Portionen.

TIPP

Das Jogurtdressing reicht für 1,5 kg Kartoffeln. Das ergibt etwa 8 Portionen.

Jogurtdressing für Kartoffelsalat

3 kleine Gewürzgurken
1/2 mittelgroße Zwiebel
1 säuerlicher Apfel
200 g Naturjogurt
200 g saure Sahne
3 El Weißweinessig
1/8 Tl frisch gemahlener schwarzer Pfeffer
1/8 Tl edelsüßes Paprikapulver
1 Tl Jodsalz
1 Tl feiner scharfer Senf
2 El fein geschnittener Schnittlauch
2 El fein gehackter Estragon

1. Die Gurken fein würfeln. Die Zwiebel und den Apfel schälen und in sehr feine Würfel schneiden.

2. Alle Zutaten gut miteinander verrühren. Die vorbereiteten Kartoffelscheiben mit dem Dressing mischen.

3. Den Salat an einem kühlen Ort etwa 2 Stunden durchziehen lassen. Gegebenenfalls nochmals mit Salz und Pfeffer pikant nachwürzen.

Variationen
Anstelle der Gurken können auch 2 Esslöffel fein gehackte Kapern genommen werden. Wer mag, kann einen Teil der Kartoffeln durch frische Gurkenscheiben und halbierte Kirschtomaten ersetzen.

Thymiandressing für Nudelsalat

150 g Majonäse
150 g Naturjogurt
ca. 50 ml milder Weißweinessig
1 kleine Zwiebel
1 kleine Knoblauchzehe
2 El gehackte grüne Oliven
1 El Thymianblättchen
ca. 1/2 Tl Jodsalz
reichlich frisch gemahlener schwarzer Pfeffer
1 kräftige Prise Cayennepfeffer
edelsüßes Paprikapulver

1. Majonäse, Jogurt und Essig gut miteinander verrühren. Zwiebel und Knoblauch schälen. Die Zwiebel fein reiben und die Knoblauchzehe durch eine Knoblauchpresse drücken.

2. Beides zusammen mit den Oliven und dem Thymian unter das Dressing rühren. Das Ganze mit dem Salz und den Gewürzen kräftig abschmecken.

3. Den Salat damit anmachen und an einem kühlen Ort etwa 3 Stunden durchziehen lassen.

Passt zu
- *Nudelsalaten, die auch Tomaten und frische Pilze enthalten.*
- *Reissalaten mit gedämpftem Gemüse.*
- *Gemüsesalaten aus gedämpftem Gemüse.*

Schafkäsedressing für Nudelsalat

200 g Schafkäse aus der Lake (Feta)
1 kleine rote Zwiebel
1/2 Tl Meersalz
8 El Rotweinessig
2 El kalt gepresstes Olivenöl
1 durchgepresste Knoblauchzehe
etwas frisch gemahlener schwarzer Pfeffer
1 Msp. edelsüßes Paprikapulver
1 Prise Cayennepfeffer
2 El gehackte schwarze Oliven
3 El fein geschnittenes Basilikum

1. Den Käse trockentupfen und mit einer Gabel fein zerdrücken. Die Zwiebel schälen und ganz fein hacken.

2. Salz und Essig in eine Salatschüssel geben. Beides so lange verrühren, bis das Salz sich aufgelöst hat. Das Öl darunter rühren.

3. Knoblauch, Pfeffer, Paprikapulver und Cayennepfeffer hinzufügen und das Ganze abschmecken.

4. Käse, Zwiebel, Oliven und Basilikum darunter rühren. Den Salat anmachen und anschließend an einem kühlen Ort etwa 2 Stunden durchziehen lassen.

Passt zu

- *Nudelsalaten, die Tomatenwürfel, feine Paprikastreifen, gekochte grüne Bohnen und Streifen von gekochtem Schinken oder gekochter Putenbrust beziehungsweise Hähnchenbrust enthalten können.*
- *Nudelsalaten mit Möhren und Zucchini.*

TIPP

Feta gibt es als Schafmilchkäse (mit zumindest einem Großteil Schafmilch) oder als Kuhmilchkäse. Ein Schafmilchkäse hat immer ein kräftigeres Aroma.

Senf selbst gemacht
Vielfalt aus der eigenen Küche

Scharf oder mild?

Bevor es an die Zubereitung geht, müssen Sie sich entscheiden, ob Sie einen eher milden oder einen schärferen Senf möchten. Milder Senf enthält vor allem Samen des gelben Senfs. Je mehr schwarze Senfsamen man dazugibt, desto schärfer wird er. Die Samen werden abgewogen, Unkrautsamen oder eventuell vorhandene Verunreinigungen herausgelesen. Alle restlichen Zutaten und die benötigten Küchengeräte wie elektrische Kaffeemühle etc. werden bereitgestellt.

Zwei Methoden zur Auswahl

Erst einweichen, dann mahlen

Man gießt Essig, Wein, Wasser oder eine andere Flüssigkeit über die Samen und lässt diese mehrere Stunden weichen. Anschließend wird der Senf mit dem Mixer oder dem Pürierstab zerkleinert, ein Handrührgerät ist in keinem Fall geeignet. Nimmt man den Mixer, müssen es größere Mengen sein (mindestens das doppelte Rezept). Erst beim Zerkleinern kommen Gewürze und Kräuter hinzu.

Erst mahlen, dann maischen

Will man einen groben Senf, genügt es, die Samen in einem Mörser zu zerstoßen. Für alle anderen Senfsorten mahlt man die Samen in einer Kaffeemühle. Das geht schnell und der Vermahlungsgrad reicht in der Regel aus.

INFO

Als Maische bezeichnet man den aus gemahlenen Senfsamen, Gewürzen und Flüssigkeit bestehenden Senfbrei.

Die Kaffeemühle muss zuvor gründlich von allen Kaffeeresten befreit werden. Große Mengen Senfsamen werden in mehreren Portionen gemahlen, kleine Mengen bis zu 50 Gramm passen ohne Probleme in die Mühle. Auch Gewürze, wie Pfeffer- oder Korianderkörner können gut mit den Senfsamen vermahlen werden.

Das Senfpulver wird mit Flüssigkeit, wie Essig, manchmal gemischt mit Wasser oder Wein, gründlich verrührt. Am besten geht dies mit einem Schneebesen oder bei größeren Mengen mit einem elektrischen Handrührgerät. Anfangs kann die Masse ruhig etwas flüssiger sein. Da das Senfmehl während des Rührens ausquillt, wird der Senfbrei zunehmend fester. Übrigens: Je länger gerührt wird, desto besser entfaltet sich das Senfbukett.

Hitze mildert die Schärfe

Manchmal wird der Senf noch vorsichtig erhitzt. Das ist vor allem dann zu empfehlen, wenn man einen süßeren Senf bevorzugt. Die Schärfe geht nämlich – wie beim Meerrettich auch – beim Erhitzen verloren, da einige Senföle leicht flüchtig sind.

Ganz fix mit englischem Senfpulver
Im Handumdrehen ist der Senf mit englischem Senfpulver zubereitet. Dieser sehr fein gemahlene Senfsamen wird einfach mit Wasser und etwas Essig verrührt. So fein wie das fertige englische Senfpulver, bei dem der Senf in speziellen Mühlen gemahlen wird, bekommt man das Senfmehl im eigenen Haushalt leider nicht. Will man also einen besonderes feinen Senf, ist das fertige Senfpulver die beste Wahl.

TIPP

Kleben Sie auf die mit Senf gefüllten Gläser ein Etikett mit der genauen Bezeichnung von Senfsorte und Abfülldatum.

Abfüllen und Aufbewahren

Ist der Senf fertig, wird er in kleine saubere Gläser gefüllt und diese werden gut verschlossen. Da er eine Weile braucht, um den vollen Geschmack zu entfalten, sollte man den Senf vor dem ersten Verkosten etwa eine Woche ruhen lassen. Senf hält sich in der Regel drei Monate an einem kühlen, trockenen Ort (kühler Keller, Speisekammer). Sind die Gläser angebrochen, muss man sie in den Kühlschrank stellen und den Senf innerhalb von etwa zwei Wochen verbrauchen.

Hinweise zu den Rezepten

Die Mengen
Die angegebenen Mengen sind relativ klein, damit immer mal wieder eine neue Geschmacksrichtung ausprobiert werden kann. Die Rezeptmengen können aber beliebig vervielfacht werden.

Die benötigte Flüssigkeit kann je nach Trockensubstanzgehalt der Senfsamen schwanken. Nehmen Sie die Angaben in den Rezepten deshalb als Richtwerte und geben Sie die Flüssigkeit in kleinen Portionen zu, bis der Senf die richtige Konsistenz hat. Bedenken Sie dabei, dass der Senf noch quillt. Manchmal müssen Sie deshalb auch noch etwas Flüssigkeit nachgießen.

Rezepte

Süßer Senf

75 g gelbe Senfsamen
1/2 Tl Koriandersamen
3 Gewürznelken
50 g Zucker
1/4 Tl Zimtpulver
1/4 Tl Jodsalz
80 ml Weißweinessig

1. Den Senf zusammen mit dem Koriander und den Gewürznelken in einer Kaffeemühle fein mahlen.

2. Das Senfpulver mit dem Zucker, dem Zimt und dem Salz mischen.

3. Unter Rühren den Essig und 3 bis 4 Esslöffel Wasser darunter mischen.

4. Den Senf in ein sauberes Twist-off-Glas füllen und dieses gut verschließen.

Variation
Zucker kann durch jedes beliebige Süßungsmittel (Honig, Sirup etc.) ausgetauscht werden.

Passt zu
- *Weißwürsten.*
- *Fleisch- oder Leberkäse.*
- *Wurstwaren.*

Sherrysenf

50 g gelbe Senfsamen
5 bis 10 g schwarze Senfsamen (je nachdem, welche Schärfe man wünscht)
50 ml Sherryessig
70 ml trockener Sherry
1 Knoblauchzehe
1 El brauner Zucker
1/2 Teelöffel Jodsalz

1. Die Senfsamen in dem Essig und in 50 ml Sherry für etwa 12 Stunden einweichen.

2. Danach den Knoblauch schälen. Die Senfsamen, den Knoblauch, den Zucker und das Salz zusammen mit dem restlichen Sherry pürieren. Ist der Senf zu fest, eventuell noch etwas Essig dazugeben.

3. Den Senf in ein sauberes Twist-off-Glas füllen und dieses gut verschließen.

Passt zu
- *Wurst- und Fleischwaren.*
- *Bratenaufschnitt.*
- *Sülzen.*

TIPP

Der süße Senf schmeckt anfangs noch sehr scharf, nach 2 bis 3 Tagen wird er jedoch milder.

TIPP

Kennen Sie Senfbutter? Man mischt einfach 3 Teelöffel Gewürzsenf mit 125 g weicher Butter und schmeckt sie mit etwas Salz und einem Spritzer Essig oder Zitrone ab. Senfbutter passt gut zu gebratenem Fisch oder zu Steak.

Gewürzsenf

40 g gelbe Senfsamen
10 g schwarze Senfsamen
3 Pimentkörner
2 Gewürznelken
20 g Zucker
1/2 Tl Jodsalz
60 bis 70 ml Weißweinessig

1. Die Senfsamen zusammen mit den Pimentkörnern und den Nelken in einer Kaffeemühle mahlen.

2. Den Zucker, das Salz und den Weißweinessig hinzufügen und alles gut mit dem Handrührgerät oder dem Pürierstab verrühren. Je nach Konsistenz des Senfs noch 2 bis 3 Esslöffel Wasser dazugeben.

3. Den Senf in ein sauberes Twist-off-Glas füllen und dieses gut verschließen.

Passt zu
- *Kräftige Wurstsorten.*
- *Frikadellen.*

Knoblauchsenf

50 g gelbe Senfsamen
20 g schwarze Senfsamen
100 ml Weißweinessig
4 große Knoblauchzehen
1 Prise Salz
1 Zweig Oregano
1 Zweig Thymian

1. Die Senfsamen in 70 ml Essig mindestens 12 Stunden weichen lassen.

2. Nach dieser Zeit die Samen mit dem Pürierstab pürieren, dabei den restlichen Essig und 80 ml Wasser dazugeben.

3. Den Knoblauch schälen, fein hacken und mit etwas Salz zerreiben.

4. Die Kräuter waschen, trockentupfen und fein hacken.

5. Den Knoblauch und die Kräuter unter den Senf rühren.

6. Den Senf in ein sauberes Twist-off-Glas füllen und dieses gut verschließen.

Variation
Für feinen Knoblauchsenf den Senf mahlen.

Passt zu
- *Kräftigen Wurstsorten.*
- *Frikadellen.*

Apfelsenf

100 g gelbe Senfsamen
20 g schwarze Senfsamen
120 ml Apfelessig
120 ml Apfelwein
1 mittelgroßer Apfel (ca. 100 g)
2 Tl Zucker
1 Tl grüne getrocknete Pfefferkörner
1/4 Tl Jodsalz
3 Blätter Salbei

1. Die Senfsamen in der Kaffeemühle nicht zu fein mahlen. Das Senfpulver mit dem Apfelessig und 4 Esslöffeln Apfelwein verrühren und etwa 2 Stunden quellen lassen.

2. Den Apfel schälen, das Kerngehäuse herausschneiden und den Apfel in kleine Würfel schneiden.

3. Den Apfel zusammen mit dem restlichen Apfelwein, dem Zucker und den Pfefferkörnern im geschlossenen Topf weich dünsten.

4. Den Apfel mitsamt der Flüssigkeit und den Pfefferkörnern und dem Salz zu dem Senf geben und alles gut pürieren.

5. Den Senf zurück in den Topf geben und noch einmal erhitzen, aber keinesfalls kochen lassen.

6. Den Salbei waschen, trockentupfen, in feine Streifen schneiden und unter den Senf rühren. Je nach Konsistenz des Senfs noch etwas Wasser dazugeben.

7. Den Senf in ein sauberes Twist-off-Glas füllen und dieses gut verschließen.

Passt zu

- *Schinken im Brotteig.*
- *Hackbraten.*
- *gebratene Geflügelleber.*
- *Leberpastete.*

TIPP

Anstelle des Apfelessigs kann man natürlich auch einen Weißweinessig nehmen.

Aprikosen-Thymian-Senf

TIPP

Wird die Schale von Zitrusfrüchten verwendet, nehmen Sie immer nur unbehandelte Früchte dazu.

4 getrocknete Aprikosen
3 El Weißwein
50 g gelbe Senfsamen
70 ml Weißweinessig
1/4 Tl geriebene Zitronenschale
1 Tl Kurkuma
1/4 Tl Jodsalz
3 Zweige Thymian

1. Die Aprikosen in sehr kleine Würfel schneiden und mit dem Wein übergießen.

2. Die Senfsamen in der Kaffeemühle fein mahlen und mit 50 ml Essig verrühren.

3. Aprikosen und Senf etwa 2 Stunden quellen lassen.

4. Danach die Aprikosen zusammen mit dem Senf pürieren, dabei den restlichen Essig, 2 Esslöffel Wasser, Zitronenschale, Kurkuma und Salz darunter rühren. Je nach Konsistenz noch etwas Wasser dazugeben.

5. Den Thymian kalt abspülen, mit Küchenkrepp trockentupfen. Die Blättchen von den Stielen streifen und gleichmäßig unter den Senf rühren.

6. Den Senf in ein sauberes Twist-off-Glas füllen und dieses gut verschließen.

Passt zu
- *feinen Terrinen und Pasteten.*
- *Räucherfisch.*

Kräutersenf

1 großer Zweig Estragon
2 kleine Zweige Thymian
1 Knoblauchzehe
50 ml Weißweinessig
50 g englisches Senfpulver
1 Prise Jodsalz

1. Die Kräuter waschen und mit Küchenkrepp trockentupfen. Die Blättchen von den Stielen zupfen und sehr fein hacken.

2. Die Knoblauchzehe schälen und ebenfalls sehr fein hacken oder auch durch eine Knoblauchpresse drücken.

3. Die Kräuter, den Knoblauch und den Essig gut verrühren. Das Senfpulver langsam darunter rühren. Dabei so viel Wasser dazugeben, bis der Senf eine cremige Konsistenz erhält.

4. Den Senf mit Salz abschmecken. In ein sauberes Twist-off-Glas füllen und dieses gut verschließen.

Passt zu
- *Wurst- und Fleischwaren aller Art.*
- *Käse.*

TIPP

Das Orangenaroma kommt noch besser zum Ausdruck, wenn Sie Orangenblütenhonig nehmen.

Honig-Orangen-Senf

50 g gelbe Senfsamen
½ Tl grüner getrockneter Pfeffer
½ Tl Fenchelsamen
1 unbehandelte Orange
ca. 30 ml Weißweinessig
3 Tl flüssiger Blütenhonig

1. Die Senfsamen zusammen mit dem Pfeffer und dem Fenchel in einer Kaffeemühle fein mahlen.

2. Die Orange waschen und trockenreiben. Mit einem Zestenreißer die Orangenschale in dünnen Streifen abziehen.

3. Den Orangensaft auspressen (es sollten etwa 100 ml sein). Den Saft erhitzen, das Senfpulver hineinrühren und den Senfbrei erwärmen.

4. Die Orangenschale einige Minuten in heißem Wasser kochen lassen, danach absieben.

5. Den Essig, die Orangenschale und den Honig unter den Senf rühren. Je nach Konsistenz noch etwas Essig dazugeben.

6. Den Senf in ein sauberes Twist-off-Glas füllen und dieses gut verschließen.

Passt zu
- *feinen Fischterrinen.*
- *Räucherfisch.*
- *Geflügelterrinen.*

TIPP

Durch den hohen Tomatenanteil hält sich der Tomatensenf nicht so lange wie die anderen Sorten. Er sollte deshalb im Kühlschrank aufbewahrt und innerhalb von 2 Wochen verbraucht werden. Anstelle der frischen Tomaten kann man auch 1 Esslöffel Tomatenmark nehmen.

Lavendelsenf

50 g gelbe Senfsamen
6 schwarze Pfefferkörner
1/4 Tl Fenchelsamen
70 ml Weißweinessig
12 Blättchen frischer Lavendel
2 El Weißwein
1 Prise Jodsalz
1 El flüssiger Blütenhonig

1. Die Senfsamen zusammen mit den Pfefferkörnern und dem Fenchel in der Kaffeemühle nicht zu fein mahlen.

2. Das Senfpulver und den Essig verrühren. Anschließend den Senfbrei etwa 2 Stunden quellen lassen.

3. Den Lavendel waschen und in sehr dünne Streifen schneiden.

4. Den Senf mit dem Weißwein pürieren. Dann den Lavendel darunter rühren.

5. Den Senf mit Salz und Honig abschmecken und eventuell noch etwas Wasser dazugeben.

6. Den Senf in ein sauberes Twist-off-Glas füllen und dieses gut verschließen.

Passt zu
- *Lammbraten.*
- *Salami.*
- *Schinken.*
- *Lammfleischfrikadelle.*

Tomatensenf

50 g gelbe Senfsamen
5 g schwarze Senfsamen
4 Pimentkörner
70 ml Weißweinessig
1 kleine Schalotte
1 Knoblauchzehe
2 Tomaten
2 kleine Zweige frischer Oregano
1 El Öl
1 Prise Jodsalz

1. Die Senfsamen zusammen mit den Pimentkörnern in einer Kaffeemühle fein mahlen.

2. Das Senfpulver und den Essig verrühren und den Brei 2 Stunden quellen lassen.

3. Die Schalotte und den Knoblauch schälen und sehr fein hacken.

4. Die Tomaten enthäuten (siehe Seite 40) und entkernen. Das Tomatenfruchtfleisch fein hacken. Den Oregano kalt abspülen, trockentupfen und fein hacken.

5. Das Öl erhitzen und die Schalotte und den Knoblauch darin glasig dünsten. Die Tomaten dazugeben und weich dünsten.

6. Den Senf unter die Tomatenmasse rühren. Eventuell noch etwas Wasser hinzugeben.

7. Den Oregano unter den Senf rühren und mit Salz abschmecken.

8. Den Senf in ein sauberes Twist-off-Glas füllen und dieses gut verschließen.

Passt zu
- *Wurst- und Fleischwaren aller Art.*
- *Sülzen.*

Scharfer Thymiansenf

50 g gelbe Senfsamen
20 g schwarze Senfsamen
1 Tl rosa Pfefferkörner
ca. 100 ml Balsamico bianco
1 Prise Jodsalz
1 Tl flüssiger Honig
4 Tl fein gehackter Thymian

1. Die Senfsamen mit den Pfefferkörnern in einer Kaffeemühle fein mahlen.

2. Das Senfpulver und den Balsamico verrühren und mit Salz würzen. Alles 1 Stunde quellen lassen – ab und an umrühren. Wird der Senf zu dick, noch etwas Balsamico bianco dazugeben.

3. Anschließend den Honig und den Thymian darunter rühren. Den Senf in ein sauberes Twist-off-Glas abfüllen.

Passt zu
- *Wurst- und Fleischwaren.*

Estragonsenf

50 g gelbe Senfsamen
40 g frischer Estragon
50 ml Weißweinessig
1 Schalotte
1 Prise Jodsalz
1 Prise frisch gemahlener weißer Pfeffer

1. Den Senfsamen in einer Kaffeemühle fein mahlen und mit 70 ml Wasser verrühren. Den Senfbrei etwa 2 Stunden quellen lassen, in dieser Zeit häufiger durchrühren.

2. Den Estragon waschen, trockentupfen und die Blättchen von den Stielen zupfen. Die Blättchen zusammen mit dem Essig in einem Mixer pürieren.

3. Die Schalotte schälen und sehr fein hacken. Unter den Senf rühren und diesen kurz erhitzen.

4. Den pürierten Estragon mit dem Senf mischen.

5. Den Senf mit Salz und Pfeffer würzen. Den Senf in ein sauberes Twist-off-Glas füllen und dieses gut verschließen.

Passt zu
- *Wurst- und Fleischwaren.*
- *Fischterrinen.*
- *Geräuchertem Fisch.*

TIPPS

Der hausgemachte Estragonsenf hat ein unvergleichliches Aroma. Er ist aber nicht ganz so grün wie das Fertigprodukt, bei dem Antioxidationsmittel dafür sorgen, dass sich die Farbe nicht zersetzt.

Nicht jeder Mixer ist für das Hacken von kleinen Kräutermengen geeignet. Eventuell muss man den Estragon mit einem Küchenmesser fein hacken.

Literatur

Apicius, Marcus Gavius:
Über die Kochkunst.
Das römische Kochbuch des Apicius. Stuttgart 1991

Maier, Robert;
Bächthold-Stäubli, Hanns (Hrsg.):
Handwörterbuch des deutschen Aberglaubens, Band VII.
Berlin und Leipzig 1935

Cremer, Monika:
Essig, Pickles & Chutneys.
Augsburg 1998

Dumont, Cédric:
Kulinarisches Lexikon.
Bern 1997

Hajek, Hans (Hrsg.):
Daz buch von guter spise.
Aus der Würzburg-Münchener Handschrift.
Berlin 1958

Euroterroirs, Paris:
Deutschlands kulinarisches Erbe.
Cadolzburg 1998

Godard, Misette:
Le goût de l'aigre.
Paris 1991

Kujawski, Olgierd E. J. Graf:
Das große Buch vom Wild.
Füssen 1992

Kujawski, Olgierd E. J. Graf;
Flaskamp, L.:
Wild einkaufen & zubereiten.
AID-Schriftenreihe, Bonn 1997.

Lombard, L.-M.:
Le cuisinier de la medicin.
Paris 1855, Réimpression
Marseille 1980

Marperger, Paul Jacob:
Vollständiges Küch- und Keller-Dictionarium.
Hamburg 1716

Ville de Dijon, Musée de la Vie Bourguignonne – Perrin de Puycousin, 20 avril 1984 – 30 septembre 1984:
Moutarde à Dijon.
Ausstellungskatalog.

Paczensky, Gert von;
Dünnebier, Anna:
Kulturgeschichte des Essens und Trinkens.
München 1994

Rottenhöfer, J.:
Anweisung in der feinern Kochkunst.
Nachdruck Dortmund 1979

Rumohr, K. F. von (Überarbeitung):
Josef Königs Geist der Kochkunst nebst Grimod de la Reynieres Küchenkalender.
Leipzig 1885.

Rumpolt, M. (Churf. Meintzischer Mundtkoch):
Ein new Kochbuch.
Franckfort am Mayn 1604.
II l:2°/1169. Stadtbibliothek Mainz

Seuß, I.; Martin, M.:
Einfluß der Marinierung mit Genußsäuren auf Zusammensetzung und sensorische Eigenschaften von Rindfleisch.
Aus FLEISCHWIRTSCHAFT, 71. Jahrgang, November 1991

Teuteberg, H.-J.; Neumann, G.; Wierlacher A.; Mattheier, K.:
Essen und kulturelle Identität.
Europäische Perspektiven. Berlin 1997

This-Benckhard, Hervé:
Rätsel der Kochkunst.
Berlin, Heidelberg 1996

Universallexikon der Kochkunst.
Leipzig 1897

Watzl, B.; Leitzmann, C.:
Bioaktive Substanzen in Lebensmitteln.
Stuttgart 1995

Register

„Hausgemachte Köstlichkeiten", die neue Ratgeberreihe im Weltbild Buchverlag, richtet sich an alle, die Spaß am Selbermachen und Wert auf die natürliche, gesunde Verarbeitung und Haltbarmachung von Nahrungsmitteln legen. „Hausgemachte Köstlichkeiten" greift altbewährte Techniken auf, kombiniert mit pfiffigen, modernen Rezepturen sowie einfachen, praxisnahen Anleitungen.

Bereits erschienen:
Räuchern;
Essig, Pickles und Chutneys;
Alles mit Kräutern;
Bier selbst gebraut;
Würste und Pasteten.
Die Reihe wird fortgesetzt.

Der Text des Buches folgt den neuen Regeln der deutschen Rechtschreibung.

Weltbild Buchverlag

Titelbild: P.+R. Studio, Helmut Peters, München
Umschlaggestaltung: Lydia Koch, Augsburg
Graphische Gestaltung, Satz und Herstellung: Karin Guse, Mainz
Producing, Bild- und Textredaktion: BOOKS & MORE, Monika Zilliken, Wiesbaden
Lithoarbeiten: GAV PrePress, Gerstetten
Druck: Franz Spiegel Buch GmbH, Ulm

Bildnachweis:
AKG-photo, Berlin: S. 20, 21, 22, 31; /Heiner Heine: S. 6; /Erich Lessing: S. 13;
FOOD Archiv, München: S. 2, 8, 11, 17, 26, 29, 33, 35, 36, 40, 42, 45, 49, 50, 53, 55, 56, 57, 58, 65, 67, 69, 70, 84, 85, 92, 96, 104, 107, 108, 111, 114, 117, 120, 121, 124, 131, 132, 133, 135, 140, 141, 147;
FOOD BOX, Archiv, München: S. 5;
Jens Kron, Augsburg: S. 54, 63, 66, 91;
MAURITIUS, Die Bildagentur, München: /Poehlmann: S. 82; /Rosenfeld Ltd.: S. 136; /Visa-Image: S.123;
StockFood, München: S. 105; /Uwe Bender: S. 81; /Michael Brauner: S. 122; /Gerrit Buntrock: S. 99; /Eising: S. 38, 39, 62, 78, 128, 139, /Bruno Hausch: S. 27, 119; /Herbert Maass: S. 60; /Maximilian Stock LTD.: S. 97; /Ansgar Pudenz: S. 19; /Rosenfeld Ltd.: S. 127; /Bodo A. Schieren: S. 113; /TH-Foto-Werbung: S. 51, 59;
Michael Woydich, Idstein: S. 73, 77, 87, 88, 94, 95, 98, 100, 101, 112, 116, 143, 145;
PhotoDisc Seattle/Hamburg: S. 71.

Printed in Germany

ISBN 3-89604-282-3